DRUIDENWISSEN BAND 2

GEBORGEN IN DER KRISE: REISEN IN INNERE WELTEN

HAPPY THOUGHTS
FOR HAPPY
PEOPLE

BEN LINDEMANN

FÜR ALLE DRUIDEN DIE DA WAREN,

SIND

UND KOMMEN WERDEN.

©BEN LINDEMANN

ALLE RECHTE VORBEHALTEN
1. AUFLAGE 2013
UMSCHLAGGESTALTUNG, FOTOS, LAYOUT UND SATZ: BEN LINDEMANN
ILLUSTRATIONEN: LIESELOTTE LEIDEMANN, MONIKA LINDEMANN-MEIER,
WIKIMEDIA COMMONS.
LEKTORAT: MONIKA LINDEMANN-MEIER, CÉCILE MEIER
ISBN: 978-3-906035-00-0

VERLAG UND AUTOR ÜBERNEHMEN TROTZ SORGFÄLTIGER RECHERCHE
KEINERLEI HAFTUNG FÜR DIE IM BUCH GEGEBENEN RATSCHLÄGE UND VERFAHREN.

Kontakt: info@druidenwissen.ch
Website: http://www.druidenwissen.ch

Inhaltsverzeichnis

Vorwort 1
   Inneres Wachstum 2
   Stärke durch Erkenntnis 4

Was kann man im inneren Königreich tun? 6
   Reisen bildet: Sieh die Welt mit neuen Augen! 8

Wie kommt man ins innere Königreich? 9
   Ideale Reisebedingungen 9
   Geeignete Übergangsorte 11
   Reisevoraussetzungen 25
   Vorbereitung zum Reisen 27

Reisearten 34
   Eine moderne Druidenmeditation 34
   Reisen im Seelenei 41
   Durch Entrückung in Askese oder Gottesgnade 42
   Mit Hilfe eines Meisters 43
   Durch reine Imagination 44

Übergang 45
   Ankommen im Inneren Königreich - und weiter 46

Aufbau innerer Welten – Ein Reiseführer 49
   Das nordische Spindelmodell 50
   Der innere Garten 52
   Die innere Mitte als Weltenachse 53
   Der innere Quell des Lebens 53
   Baum des Lebens 54
   Die Himmelsleiter 55

Kosmische Welten im Spiegel verschiedener Kulturen 56
   Allgemeines Christentum 56
   Christliche Mystik 56
   Islam 58
   Judentum 59
   Buddhismus 60
   Hinduismus 61
   Jainismus 62
   Shintoismus 62
   Daoismus 63

- Nordamerikanische Indianer 64
- Mittelamerikanische Hochkulturen 66
- Klassisch gallohibernisches Keltentum 67
- Nordische und germanische Kosmologie 72
- Gemeinsamkeiten der verschiedenen Kosmologien 76

Was kann mir auf meinen inneren Reisen begegnen? 78
- Ahnengeister 80
- Elementarwesen 81
- Pflanzenwesen 87
- Tierwesen 89
- Mythologische Wesen 109
- Wesen des Christentums 109
- Hinduistische Wesen 113
- Wesen des Buddhismus 116
- Wesen des keltischen Glaubens 119
- Wesen der griechischen Mythologie 138
- Wesen der germanisch-nordischen Mythen 148
- Erlöste Wesen aus eigenen Seelenanteilen 166
- Innere Dämonen, Teufel und Schreckgespenster 167

Umgang mit inneren Widersachern 168
- Transformation von negativen Geistwesen durch Liebe 172

Rückkehr zur inneren Quelle 176
- Das Geheimnis des Brunnens am Fusse des Weltenbaums 177

Rückkehr in die Realität 179

Umgang mit der Realität 179
- Nimm die Realität nicht so ernst 179
- Bekämpfe die Realität nicht 180
- Vergiss dein Ziel nicht 180
- Pack das Machbare an 181
- Lache über Dich und das Leben 181
- Realitätsverformung durch Segnen 182

Literaturverzeichnis 185
- Literatur 185
- Onlinequellen 187

Vorwort

Den Druiden und vielen anderen Meistern der Meditation wird nachgesagt, dass sie zuweilen in andere Welten reisen, um dort Rat und Hilfe zu erfahren. Sei dies nun die mythische Anderswelt der Kelten, das Reich der Glückseligen, die Insel des Vergessens, das Reich der tausend Buddhas, der Garten der tausend Freuden, der Brunnen Mimirs, die Halle von Hoch, Ebenhoch und Gleichhoch oder die Einflusssphären verschiedenster Wesenheiten.

Die Kraft und die ruhige Gelassenheit, die sie von dort mitbrachten, wurden je nach klerikaler und politischer Mode, nicht nur gerne gesehen. Deshalb, und weil sie dabei nicht gerne gestört werden, pflegten und pflegen die meisten Weltenwanderer eine gewisse Diskretion im Umgang mit ihrer Kunst. - Früher konnte man sich noch in seine Einsiedelei oder eine Höhle zurückziehen und hatte dann meist mehr oder weniger seine Ruhe. - Heute ist Weltflucht weder sinnvoll noch möglich und die klerikale Inquisition vorbei. Deshalb sollen mit dem vorliegenden Band aus der Reihe Druidenwissen die Pforten zur inneren Anderswelt für all jene Menschen geöffnet werden, welche diese bereisen, darin Rat erfahren und Hilfe auf dem Weg in dieser und anderen Welten erfahren möchten.

Die aufgezeigten Verfahren sind weder an eine bestimmte Religion oder spirituelle Praktiken gebunden: Du brauchst weder Deine Seele zu verkaufen, noch irgendeiner Religion oder Denkrichtung anzugehören um Reisen in andere Welten zu unternehmen.

Gefährlich ist das Ganze übrigens auch nicht. Abgesehen davon, dass es sehr viel Spass macht, wesentlich befriedigender als das Programm in der Glotze und unendlich viel tiefgründiger als jede virtuelle Computerwelt sein kann. – Unzensiert und frei!

Also komm mit auf eine Reise in jede Realität, die Du Dir vorstellen kannst. Komm mit auf eine Reise in Dein eigenes inneres Königreich!

Wozu ins innere Königreich reisen?
Der Effekt des Reisens ins innere Königreich sollte keinesfalls eine Weltflucht oder Rückzug ins eigene Schneckenhaus sein, sondern im Gegenteil einen Prozess der inneren Reifung in Gang bringen, welcher zum erfüllteren Leben in der realen Welt befähigt.

Inneres Wachstum

Durch geistiges Wachstum wird es uns möglich Wertvolles von Wertlosem zu unterscheiden und beiden ihren zustehenden Platz zuzuweisen. Die Werte einer Gesellschaft sind oftmals stark von den Werten der jeweilig Mächtigsten dargestellt.

Werte wie Reichtum, Macht, Schönheit oder Sex sind, wenn sie uns übermässig binden, oftmals mit sehr hohen Kosten verbunden die uns gesamt betrachtet unglücklich und unharmonisch stimmen.

Durch Bereisen der inneren Reiche wird es Dir möglich zu unterscheiden, welche Dinge und Handlungen Dein Leben bereichern und Dich glücklich und erfüllter machen und welche nur Fallen darstellen die nicht zum Glück führen.

Oftmals sind es die kleinen, scheinbar unwichtigen Dinge welche Dein Leben bereichern und Dich glücklich machen. Manch im Augenblick des Erlebens als unschön Wahrgenommenes stellt sich im Nachhinein sogar als wertvoll heraus.

Sei mal ehrlich: Gewachsen bist Du doch vor allem in Zeiten ausserordentlicher, manchmal harter Leistung oder Entbehrung.

Reisen ins innere Königreich

Im inneren Königreich wirst Du Wesen oder Dinge antreffen, die Dir ganz klar den Wert der Dinge vor Augen führen. - Was vergänglicher eitler Tand und welches die ewigen Werte sind.
Durch den Blick über die Zeiten hinweg vermagst Du oftmals zu erahnen, dass sich auch in den bittersten Momenten des Lebens für den wahrhaft Suchenden auch immer ein Körnchen Sinn versteckt, an dem er weiter wachsen kann.
Andererseits wirst Du feststellen, dass ganz viele der in unserer Gesellschaft als extrem begehrenswert erachteten Werte langfristig relativ wenig Sinn machen.

Anders als viele moderne Denkschulen predige ich deshalb weder Abwehr, noch Abwenden, oder Abgrenzen und auch kein Ignorieren der wahrhaft dunklen Dinge im Leben, sondern eine möglichst neutrale, nicht verhaftete Beobachtung aller Dinge. Selbstverständlich macht es aber auch keinen Sinn, sich orientierungslos durchs Leben treiben zu lassen.

Der Schlüssel liegt darin, die Prioritäten und die Wichtigkeit des laufenden Bewusstseins korrekt anzupassen. Dies gelingt nur wenn wir achtsam sind und nicht vorschnell werten. Das befähigt uns, das Leben zu geniessen und auf leichte Art auch die negativen Dinge im Leben zu bewältigen.

Der entscheidende Punkt besteht darin, Deine Aufmerksamkeit gezielt, wenn immer möglich den Dingen zuzuwenden, welche Dich zu einem glücklichen, erfüllten Leben befähigen und die Dinge, welche Dich ins Elend stürzen nur soweit zu berücksichtigen, als sie zur hindernisfreien Erfüllung der Dinge, welche Dich glücklich machen benötigt werden.

So wie jede Sonnenblume ihren Kopf der Sonne zuwendet und die Schatten hinter sich lässt, so ist es sinnvoll, dass auch wir unsere Aufmerksamkeit, das Zentrum unseres Seins, laufend nach den schönen Dingen ausrichten ohne die negativen Dinge zu ignorieren.

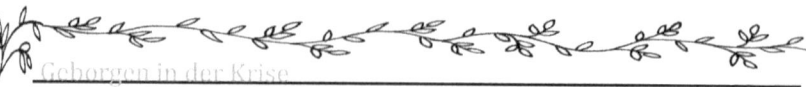

Stärke durch Erkenntnis

Reisen ins innere Königreich sind keine reine Imagination und auch weder besonders esoterisch, noch ein Tagtraum oder Trip, sondern eine sehr reale Begegnung mit dem eigenen Wesen und teilweise anderen geistigen Welten und deren Bewohnern.

Durch Kenntnis Deines inneren Königreichs gewinnst Du an Stärke: Nebst Deinen verborgenen Stärken lernst Du auch Deine dunklen Seiten kennen und kannst sie Schritt für Schritt harmonisieren und Dich selbst heilen.

Jedes Deiner inneren Organe ist Träger einer bestimmten Emotion. Sicher ist Dir auch schon mal etwas "im Hals stecken geblieben", hat Dir "Den Atem verschlagen", ist Dir "über die Leber gelaufen", hat Dein "Herz zum Hüpfen gebracht" oder ist Dir auf den Magen oder die Nieren geschlagen, oder schlichtweg "auf den Sack gegangen".

Engländer haben hin und wieder sogar einen "Spleen". Auch die Verspannung in Muskeln, Sehnen und Knochen ist oft Ausdruck von inneren Disharmonien, die wir im inneren Königreich richtig erkennen und entweder im inneren Königreich, oder aber zurück in der Realität korrekt heilen können. Erst indem Du es harmonisierst, gehen Dir Türen in neue Welten auf.

Wenn man die innere Harmonisierung perfektioniert, so ist es möglich aus "Blei" "Gold" zu machen – Inneres Gold versteht sich: Das oft bleischwere Herz kann als Träger des inneren "Grals" durch Schicksalsschläge, Edelmut oder innere Arbeit tatsächlich zu einem "Herz aus Gold" geläutert werden.

Die Entwicklung eines grossmütigen goldenen Herzens ist das Ziel jedes Jungdruiden auf dem Weg zur Meisterschaft. Es ist die eigene hohe, die Gralsqueste. In der Newageesoterik spricht man in diesem Zusammenhang auch von der eigenen Seelenqueste.

Nicht nur den Indianern Nordamerikas sondern auch Dir können dabei Totems und Ratgeber zur Seite stehen. Um wen es sich dabei handeln kann und wie Du seine Hilfe erringst, davon später mehr.

Wer die innere hohe Queste verwirklicht und aufrecht erhält, der wird in jeder Realität unabhängig von den Umständen stets ein sichtbar harmonischer Meister seiner selbst und Freund alles Seienden sein. Sein Tun und Wesen sind von einem hohen Mass an Eigenverantwortung und bewusstem Sein durchdrungen.

Die Inder sprechen in diesem Zusammenhang von der Verwirklichung, beziehungsweise dem Erwachen der Arhat-Natur. Ein Arhat oder Meister der inneren Alchemie meistert nicht nur die Meditation, sondern vor allem auch das reale Leben selbst.
Anstatt sich gegen Unabänderliches zu stemmen, wird er seine Kräfte unermüdlich zum Wohle der Allgemeinheit einsetzen. - Und dabei, gehalten von Mächten grösser als wir, niemals darben müssen. Das ist wahre Macht, wahre Stärke und wahre Liebe.

Also mach Dich an die Harmonisierung oder eben "innere Alchemie" und stärke Dein Körperbewusstsein, Deine effektive Gesundheit, und gewinn gleichzeitig an Stärke.[1]

Ab einem gewissen Punkt wirst Du Deine Selbstverantwortung in weit stärkerem Masse annehmen müssen als je zuvor. Indem Du immer mehr erwachst, wirst Du die volle Verantwortung als Schöpfer Deines eigenen Wesens erkennen und annehmen müssen. Das ist kein "schneller Trip" für Faulpelze, Hochstapler, Realitätsflüchter oder Jammerlappen, sondern eine Aufgabe für mutige und kräftige Menschen auf dem Weg der Alten, hin zum echten Edelmenschen.

---

1   Das hat nichts mit dem gleichnamigen theosophischen Wahngeschwurbel oder irgendwelchen NLP-Zerrbildern zu tun, sondern ist schlichtes Druidenhandwerk.

Was kann man im inneren Königreich tun?

Deine Möglichkeiten sind nahezu unbegrenzt. Ob Du fliegen, unter Wasser atmen, einen anderen Körper haben oder gar ein anderes Lebewesen sein möchtest. Du allein bestimmst die Möglichkeiten im Rahmen Deiner Vorstellungskraft. Allein durch Deine Fantasie kannst Du Deinen inneren Garten nach und nach als blühendes Paradies, frei nach Deinen Wünschen gestalten. Das ist Schwerarbeit, denn in unserem Alltagsleben gelangen nur allzu oft Dinge in unser Bewusstsein, die unser inneres Königreich verunstalten. – Nutze sie als Dünger und lass Blumen darauf spriessen.[2]

Indem Du mit Hilfe Deines Helfers Dein inneres Königreich aufräumst, räumst Du gleichzeitig Dein eigenes, bewusstes Ich auf! Aufräumen und Harmonisieren des inneren Königreichs macht Spass und ist sehr erfüllend, weil Deine Bemühungen sichtbar Früchte tragen. Du wirst feststellen, dass äussere Einflüsse der Realwelt sich immer irgendwie in Deinem inneren Königreich abgebildet finden. Durch laufende Harmonisierung dieser von aussen bedingten Manifestationen bringst Du Dein inneres Seelenleben für den Alltag in Einklang! So gewinnst Du auch in der Aussenwelt Harmonie, Zuversicht und Glück. Deine innere Mitte wird auch im Alltag stabil. Das Aufräumen des inneren Königreichs und die Erfüllung durch ehrliche tiefe innere Harmonie sind gar die einzige mir bekannte Art von Meditation, welche effektiv für den Alltag fit macht.

Sobald um Deine innere Mitte genug Harmonie ist, kannst Du Dich auf Erkundungstour in deinem inneren Königreich machen. Du wirst bemerken, dass Dein inneres Königreich sehr genau Deinem Körper und seinen Organen entspricht. Du kannst Dich in Deinem eigenen Königreich, selbst besser kennen lernen und vor allem Dich in Deiner bald blühenden inneren Landschaft erholen, Dich freuen und wahres inneres Vertrauen, Kraft, Stärke und innere Weisheit schöpfen. In Meditation kannst Du also nicht nur Deinen Zustand sehr genau kennen lernen, sondern ihn allmählich stetig verbessern. Du wirst feststellen, dass Du Dein inneres Königreich immer am etwa gleichen Ort betrittst.

---

[2] Falls Dein inneres Königreich zu Anfang eher einem betonierten Supermarktparkplatz gleicht, konzentriere Dich auf tausende kleine, fröhliche Sprösslinge, die den Beton von unten aufbrechen. (Ob sie dabei „Banzai" rufen, ist reine Geschmackssache)

Dort befindet sich wahrscheinlich ein Brunnen, Springbrunnen, eine Quelle, ein Baum oder bei manchen ein Menhir. Harmonisiere dieses Zentrum Deiner selbst unbedingt als erstes und soweit Du kannst! Du kannst Dich gefahrlos mit diesem, Deinem innersten Wesenskern verbinden: Vorausgesetzt Dein Wesenskern ist harmonisch, erholt und erfrischt Dein ganzes Wesen darin wie sonst nirgends. Bade in der inneren Quelle und freue Dich: Du hast gefunden, wonach tausende Alchemisten ihr Leben lang suchten: Deinen persönlichen Jungbrunnen für Körper, Geist und Seele.[3]

Je weiter Du Dich von Deinem Zentrum weg bewegst, verringert sich Deine Schöpfungsmacht. Das ist normal. Die Welt und auch das innere Königreich so wie wir sie wahrnehmen entspricht ungefähr der Scheibe, die wir, wenn wir um uns blicken, erkennen können. Unser eigener Körper, unsere Gedanken und unser Bewusstsein entsprechen dabei dem inneren Königreich. Alles was wir nicht direkt selbst wahrnehmen können ist schon recht weit entfernt. Alles was wir nicht wahrnehmen können ist ausserhalb unseres Einflusskreises.

Fürs Reisen im inneren Königreich ist wichtig zu wissen, dass sich hin und wieder auch andere Wesenheiten aus anderen Sphären sehr nahe an Deinen inneren Kern, Deinen Brunnen begeben können, um Dir mit Rat und Tat zu helfen. Höre Deinen inneren Helfern gut zu. So lernst Du auch fremden Rat anzunehmen. Wundere Dich nicht, wenn Dir im Alltag plötzlich die unwahrscheinlichsten Wesen wirklich nützliche Ratschläge geben oder Dir helfen.

Dein inneres Königreich dient ausserdem als Portal in andere innere Welten. Seit zehntausenden von Jahren steigen Medizinmänner, Schamanen, Magier und Druiden in ihrem persönlichen Weltenbaum auf und tauchen in ihrem Brunnen in die Unterwelten, um dort Wissen und Weisheit zu erfahren. Durch eigene Willenskraft kannst Du Dir diese Portale erschaffen und beliebige Realitäten Deiner Wahl bereisen. Was Dir dort beggegnen kann und wie Du damit umgehst, ist weiter hinten ausführlich beschrieben.

Schläfst Du in deinem Garten endlich ein, so wirst Du erfrischt und ausgeruht wieder auf dieser, unserer Mutter Erde erwachen.

---

3   Ein Jungbrunnen ist keine Faltencrème. Aber Du wirst Deine eigene Schönheit auch im Alltag besser erkennen können. Das ist mehr wert.

Reisen bildet: Sieh die Welt mit neuen Augen!
Brahma, der durchs Hinabtauchen an seine eigenen Wurzeln die Präsenz des Urschöpfers in allem Seienden, so auch in seiner Seele begreift, kann dadurch die Verantwortung für sich und sein inneres Universum annehmen und sich fortan auf seinem Lotos übers Wasser erheben. Andersherum ausgedrückt: "Der Geist Gottes schwebte über dem Wasser". Alles klar? - Nein?
Na gut: Gemäss dem Satz "Brahman is Atman", ruht der vedischen Überlieferung nach ein unbewusster Brahma in jedem menschlichen Bewusstsein verborgen und wartet nur darauf, mit Hilfe der Seele erweckt zu werden. Einigen wenigen Meistern, auch unter den Druiden war es vergönnt, zumindest zeitweise derart vollends zu erwachen. Doch jedermann kann sich in eine Bewusstseinsdimension begeben, in der er mächtige Hilfe auf diesem "Weg nach Hause", bzw. der "Erleuchtung", "Transzendierung" etc. herbei bitten kann.
Im Zustand der Meditation kann jeder sein inneres Königreich in einer Art Wachtraum aus dem unbegrenzten Wasser des Lebens schöpfen. Das funktioniert unabhängig von äusseren Umständen und Zeitalter auch heute noch. Der Witz daran ist, dass sich die Welt um Dich herum in dem Masse zum Guten entwickelt, wie Du sie als gut wahrnehmen kannst. Das hat nichts mit "Schönlügen" zu tun, sondern gütiger, nichtwertender Achtsamkeit. Ängste, Sorgen und dergleichen werden dadurch auf den ihnen angemessenen untergeordneten Platz gerückt und die freudvollen, gelassenen Seiten des Lebens nehmen die "Logenplätze" ein. Du wirst dieselbe Welt mit neuen Augen sehen!

Wie kommt man ins innere Königreich?

Alles schön und gut, doch wie kommt man nun ins innere Königreich? Wie oben aufgeführt besitzt jede mystische Tradition ihre eigenen Zugangswege zu den Anderswelten. Die Druiden pflegen weder durch Drogen noch durch Askese sondern, sehr ähnlich wie es einige Islamische Mystiker, Buddhisten und Hindus tun, lediglich durch die Kraft ihres Geistes zu reisen. Vielleicht kommt daher auch der Irrglaube, "Hexen" oder "Lamas" könnten fliegen. Da kommt das mit dem fliegenden Teppich der Sache schon näher...

Zunächst brauchst Du ein ruhiges, ungestörtes Plätzchen, denn sollte Dich jemand stören ist das mindestens so lästig, als wenn Dich jemand aus dem Schlaf reisst.

Ein geeigneter Ort kann ein Plätzchen unter einem Baum, an einem Stein oder sonstwo in der Natur, aber auch bei Dir zuhause sein.

Wenn Du eine der folgenden Meditationen praktizierst, werden Sie Dir erlauben, des inneren Königreichs gewahr zu werden und von dort aus die Anderswelten zu bereisen.

Ideale Reisebedingungen

Es gibt viele verschiedene Zugänge aus dieser Welt ins innere Königreich und von dort weiter in die Anderswelten. Je nach zu bereisender Welt sind es verschiedenartige Portale, Orte an denen die Trennung zwischen Diesseits und Jenseits besonders dünn ist. Meistens sind es Tore, Löcher, Brunnen oder Portale durch die Du in Gedanken schreitest.

Je vertrauter Du mit dem Übergang bist, desto einfacher ist es, ihn als Ausgangspunkt Deiner Reise zu nutzen.
Suche deshalb in dieser Welt "magische" Orte auf, von denen Du vermutest, dass sie für Dich als Übergang geeignet sind.[4] Mache Dich mit diesen Orten vertraut und nimm ihre Energien in Dich auf.

Wenn Du dich entweder selbst oder in Meditation zu diesem Ort begibst, kannst Du ihn als Portal benutzen. Ja mehr noch: In Deinem inneren Königreich kannst Du Dir solche Orte umso besser erschaffen, je genauer Du sie und ihre Energien in dieser Welt kennst. Deiner Fantasie sind, wie wir am Ende dieses Abschnittes sehen werden, keine Grenzen gesetzt.

Als Hilfsmittel zum Reisen kannst Du Trommeln, Rasseln, Tanz und Körperarbeit sowie Rituale benutzen, um Dich in die richtige Stimmung zu versetzen und Deine geistigen Antennen auf die gewünschte Frequenz einzustellen. – Ich persönlich pflege allerdings wie meine Lehrer, bloss ruhig zu sitzen. Eine alte Meditation mit zugehörigem Ritual stelle ich weiter hinten im Buch vor.

---

4   Das hat nichts mit geomantischen oder von sonstwem zu „heilig" erklärten Orten zu tun, sondern mit für DICH geeigneten Orten. Jeder Ort ist auf seine Art und Weise heilig.

Geeignete Übergangsorte

Die idealen Orte an denen Du das Reisen erlernen kannst und zu denen Du real oder in Gedanken immer wieder zurückkehren kannst, zeichnen sich durch ein hohes Imaginationspotential aus. Zu Deutsch, man kann sich dort gut in andere Welten hineindenken. Der Ort sollte einigermassen ruhig und sicher sein, denn Du solltest dort in Ruhe verweilen können.

Dein persönlicher Sakralraum, zu Hause.

Idealerweise hast Du bei Dir zu Hause eine ruhige Ecke, die Du zu Deinem persönlichen Refugium gestalten kannst. – Ein Kollege meditiert auf seinem Bett: Sehr praktisch, wenn die Meditation nahtlos in einen sanften Schlummer übergeht...

Es ist sinnvoll aber nicht unbedingt notwendig eine Meditationshilfe wie ein Kruzifix, Drudenfuss, ein OM, den Namen Allahs oder ein Bild von Ghanesh aufzuhängen. Bei mir persönlich steht ein kleiner Steinbuddha, der mich laufend dran erinnert, mich nicht so fürchterlich ernst zu nehmen. Du kannst Kerzen, Weihrauch oder Räucherstäbchen entzünden, eine Druidenschale[5] verwenden, unaufdringliche Hintergrundmusik laufen lassen, oder die Stille geniessen.

---

5   Da es die Dinger nirgends mehr zu kaufen gab, fertige ich sie selber an und verkaufe sie auch auf www.druidenwissen.ch

Wichtig ist, dass Du das Setup, also die äusseren Umstände so ideal wie möglich zur inneren Einkehr, zum Meditieren gestaltest. Das geht nirgends besser als bei Dir zu Hause. Auch wenn Du weit von zu Hause entfernt bist, kannst Du Dich in Gedanken immer mit diesem Platz verbinden.

Glaubensmonumente

"Es ist brötig darüber zu streiten, welcher Glaube der richtige ist, denn Gott hat doch einfach viele verschiedene Briefkästen", meinte ein etwas beleibter Druidenkollege unlängst. Nun da hat er wohl Recht. Deshalb ist jedes Monument des Glaubens gleichermassen als Ort der Andacht und der Innenkontemplation geeignet. Sei es eine Kirche, eine Kapelle, ein Stupa, eine Moschee oder alte Tempelruinen. Überall dort, wo Du einen Bezug zu Deinem Glauben herstellen kannst, ist die Anderswelt nicht weit.

Meine geistigen Vorfahren, die Druiden der Antike pflegten sich in die freie Natur, zu den sprechenden Steinen, den Menhiren oder "unter Tage" in die Hühnengräber zu begeben, um dort in Abgeschiedenheit die Weisheit der Stille und des inneren Friedens zu entdecken. In unseren grossen Steingebäuden sind die Stille und der ewige, letzte Friede meist nur schwer zu finden.

Abgeschieden in der Natur

Allerdings gibt es weit mehr als nur die Grabesstille zu entdecken: Deshalb suchen alle Druiden immer wieder die Natur und die Wildnis auf, da in ihr die Meister des Lebens nur darauf warten, entdeckt zu werden.

Unter, in oder auf einem Baum

Im ersten Band dieser Reihe "Sprechen mit Bäumen", ist dargelegt, dass Bäume und deren Devas oder eben "Elben" famose Freunde fürs Leben sein können. Aber auch zum Reisen ins innere Königreich eignen sie sich prima. Von Sibirien bis Südamerika reisen viele Schamanen auf den Bäumen des Lebens, hoch bis in die lichtesten Wipfel und tief bis unter die Wurzeln der Erde zur Quelle allen Seins.

Im Wald

In jedem Wald gibt es, bei genauerer Suche magische, abgeschiedene Ecken in denen Dir nebst Eichhörnchen und Rehen auch Gnome und Wichtel begegnen können.

Respektiere sie und verängstige sie nicht. Lass Dich an einem geeigneten Platz nieder und horche auf die Geräusche Deiner Umgebung, Atme den Duft des Waldes ein und spüre die Frische in Deinen Lungen.

Zu jeder Jahreszeit ist der Wald ein hervorragender Platz um sich in die Anderswelt zu begeben. Nicht umsonst gingen die Druiden oft und lange in den Wald um zu lernen und in Frieden und Einklang mit sich zu kommen.

Am Waldrand

Der Waldrand oder die Hecke sind spezielle Orte des Übergangs zwischen dem Reich des Waldes und den Feldern der Menschen. Hierher ziehen sich oft die alten kräuterweisen Frauen zurück.

Nicht nur weil hier viele der heilkräftigsten Kräutlein wachsen, sondern, weil sie hier sowohl dem Reich der Menschen und der fruchtbaren Felder, als auch dem wilden Reich der Natur am hellen Waldrand besonders nahe sein können.

Nicht ausgeschlossen, dass Dir hier eine besondere Weisheit zu teil wird. Bist Du bereit, so tritt in Gedanken durch das Portal der Bäume ein in die heiligen Hallen des Waldes.

Bei Felsen

Am Fusse mächtiger Felsen lässt sich die Weisheit der Erdwesen besonders gut erspüren. Je nach Art, Beschaffenheit und Umgebung können Felswände warm, erdrückend oder schützend wirken. Das Reich der Zwerge und Riesen, der kleinen und grossen Erdmännchen birgt an seinem Rande uralte Energien ungeahnter Macht.

Bei Findlingen

Findlinge sind grosse Steinbrocken, welche durch die Macht der Gletscher wie von Riesenhand weit weg von ihrem ursprünglichen Entstehungsort geschleudert wurden. Meist sind sie aus einem anderen Gestein, als der Untergrund auf dem sie ruhen. Dieser Unterschied ist in ihrer näheren Umgebung deutlich wahrnehmbar. Sie eignen sich vor allem, um sich zu erden, zu sich zu kommen und ruhig dem wuselnden Treiben des Lebens zuzusehen. Findlinge sind so etwas wie Felsen in der Brandung des Lebens. Sie bleiben ruhig, gelassen und in innerem, tiefem Frieden. Setz Dich an oder auf sie, geniesse die Ruhe und beobachte in Frieden das Leben, welches Dich umgibt. Man sagt, Riesen denken nicht besonders schnell. Dafür lange und ausgiebig!

In Höhlen

Höhlen können ins Reich der Zwerge, der Unterwelt oder auch zum verzauberten, inneren Garten führen. Wer einmal in einer Kristallgrotte oder einer Tropfsteinhöhle war, wird das Erstaunen und die Ehrfurcht verstehen, mit der die ersten Menschen das Reich der Zwerge betraten. Reichtum, Dunkelheit und Stille umgeben diese magischen Orte. Doch auch jede grössere Erdhöhle bietet einen idealen, geschützten Ort um Dich mit dem Untergrund, Mutter Erde und ihren Kindern zu verbinden. Wer weiss, vielleicht entdeckst Du in der Stille den grössten Schatz in Dir selbst.

An einer Quelle

Nach oft jahrzehntelanger Wanderung in der Finsternis tritt das Wasser an der Quelle aus dem Stein oder dem Boden zu tage. Viel hat das Wasser auf seiner Wanderung im Reich der Erde und der Zwerge erfahren, sich nebst Erfahrung mit Mineralien und anderen Stoffen angereichert. Keine zwei Quellwasser schmecken gleich. Wer fähig ist, die Quelle in Frieden, in Ruhe und Einklang zu betrachten um dann in Dankbarkeit von ihren Wassern zu schöpfen, dem wird oft nebst Frieden eine ganz eigene Weisheit zuteil, die bereits nichts mehr mit Wissen zu tun hat. Insbesondere für Frauen allen Alters aber auch Männer kann das ruhige Verweilen an einer Quelle einen tiefen inneren Frieden hervorrufen.

An einem Brunnen

Der Brunnen ist einer der magischsten Orte überhaupt. Dabei ist mit Brunnen ein Ziehbrunnen mit Schacht gemeint. Das Loch in die unergründliche Tiefe, aus der das lebensspendende Wasser geschöpft wird ist ein uraltes Motiv, weit bevor es Druiden gab. Nur wer sich traut, sich in der Finsternis der eigenen Tiefe furchtlos gegenüber zu stehen, wird das Wasser der Weisheit schöpfen. Komm jetzt ja nicht auf die Idee, in einen Brunnenschacht zu hüpfen! – Das Absteigen ist metaphorisch gemeint! Und an einem Brunnen lässt sich darüber selten gut nachdenken. Später im Buch mehr dazu.

Bei einem Bach oder Fluss

Vom murmelnden Rinnsal, dem sprudelnden, schäumenden Bergbach bis zum fröhlichen Bach, dem ruhigen Fluss und schliesslich dem majestätisch dem Meer zustrebenden Strom eignen sich alle Fliessgewässer um an ihnen zu meditieren. Zeit und Schwerkraft lassen das Wasser dem Ozean zufliessen. Einzelne Wassertropfen, die wie Seelen ihrer endgültigen Bestimmung zustreben, nur um vielleicht bald schon von neuem in den ewigen Kreislauf des Wassers einzutreten. Wenn Dich Sorgen plagen, so setz Dich im Sommer an einer sicheren Stelle an oder besser in eine ruhiges Fliessgewässer und lass das Wasser Deine Sorgen hinfort tragen – "Furt und wägg", wie ein Basler Druide dazu treffend bemerkte. Erkälte Dich einfach nicht dabei, denn wer zu viel wegtragen lässt, unterkühlt sich schnell.

Bei einem Wasserfall

Du musst Dich ja nicht ausgerechnet unter einem Wasserfall auf die Reise ins innere Königreich machen. Daneben tut es auch. Das fallende Wasser, welches sich im Fall immer weiter zerstäubt, nur um unten angekommen tosend in ein Becken zu fallen, kann auch uns helfen loszulassen, uns voll Vertrauen in eine Situation hineinfallen zu lassen, Dinge Gedanken und Einstellungen aufzulösen, fallen und wegfliessen zu lassen. Wasserfälle sind oft wie Gedanken. Manchmal tröpfeln sie kaum, nur um dann im Frühling in voller Gewalt hernieder zu tosen. Ein Bad in einem Wasserfall ist auf jeden Fall herrlich erfrischend.

Wenn Du keinen Wasserfall hast: Deine Dusche zu Hause funktioniert genauso gut, wenn auch nicht so eindrücklich wie ein Wasserfall. Viele Druiden duschen täglich, unter einem Wasserfall oder einer Dusche, um sich so von emotionalem Schmutz zu reinigen.

Bei einem See

Seen sind temporäre Ruhestätten für das Wasser auf seinem Weg nach Hause. Egal wie hässlich eine Schrunde in der Landschaft, egal wie unüberwindlich eine Mauer auch ist: Wasser füllt sie in Liebe auf, bis es hoch genug reicht, und fliesst im Weg des geringsten Widerstandes weiter seinem Ziel entgegen. Beobachte das Glitzern der Sonne auf den Wellen. Spüre die kühle Luft am Wasser und lausche dem sanften oder zuweilen heftigen Wellenschlag. Manchmal spielt der Wind mit dem Wasser, dann kann auch ein See toben und schäumen. Wenn Du unnötige Konflikte vermeiden und Deine Ziele doch effizient erreichen willst, dann nutze den See zur Meditation. So viele Seen es gibt, so viele verschiedene Ufer gibt es auch. Von der verbauten Betonwüste, schroffen Klippen bis hin zur elysischen Idylle oder weichem Strand. Alle sie hat das Wasser in seinem unablässigen Streben zum Meer geformt. Viele Sucher auf dem Weg der Alten geraten oft jahrelang in einen Stillstand auf ihrer Suche. Diese Zeit ist nicht verschwendet, vielleicht machen sie nur gerade ihren eigenen "See", bevor sie ein Niveau erreichen, auf dem sie scheinbar unüberwindliche Hindernisse spielerisch überwinden und erneut auf ihrem Weg weiter streben können.

Am Meer

Das Meer ist Ursprung und Erfüllung eines jeden Wassertropfens zugleich. Wenn ein Wassertropfen aus dem Meer aufsteigt, so tut er das ohne irgendwelche Erinnerung an seine vorherigen Kreisläufe als reiner Wasserdampf. Und doch sind die Erinnerungen das Salz der Wassertropfen nicht verloren, sondern bleiben im Meer gespeichert. Das Meer kann sich an seiner Oberfläche, je nach dem als spiegelglatt oder als Hort titanischer Urgewalt zeigen. Als lebensfeindliche Wüste, oder Ort blühenden Lebens. Sein Wellenschlag vermag auch härtesten Stein zu Sand zu zermahlen und in der unendlichen Stille seiner Tiefen lagern sich laufend neue Sedimentschichten ab, die uns noch nach Jahrmillionen von vergangenen Zeiten künden. Das Meer, Reich des Poseidon, Neptun oder schlussendlich Okeanos ist mit sich laufend in tiefstem inneren Frieden, auch wenn sich seine Oberfläche im stets ändernden Rhythmus von an- und abschwellendem Wellenschlag, Ebbe und Flut bewegt. Okeanos gilt nicht umsonst als Vater allen Lebens, zu dem am Ende auch die Götter zurückkehren. Am Grunde des Meeres hörst Du die Stille des Universums und den Herzschlag des Lebens. Wie klein sind doch unsere Probleme angesichts dieser Majestät! – Im Salzwasser des Meeres kannst Du Dich tiefgreifend von körperlichen und geistigen Verkrampfungen lösen. Entspann Dich an einem ruhigen Strand, oder im Wellenschlag des seichten Wassers und besinn Dich, vorzugsweise auf einem sonnengewärmten Badetuch, wieder auf Dein eigentliches Wesen. Komm zu Dir und werde heil. – Aber hol Dir keinen Sonnenbrand! Besonders schlaue Neodruiden haben sogar das Surfen entdeckt: Sie sperren sich nicht gegen den Wellenschlag, das Auf und Ab des Lebens, sondern surfen darauf. Andere schnappen sich eine Taucherausrüstung und schweben lautlos durch eine Welt unterhalb der Wellen.

Auf einem Berggipfel, unter freiem Himmel

Hohe Bergspitzen galten schon immer als Sitze von Göttern, Drachen oder Sagengestalten. Dort wo sich die Erde mit dem Himmel verbindet, fallen alle Sorgen von den Menschen ab, sagt man. Allein der mühevolle Aufstieg macht uns bewusst, dass Aufwärtsstreben erfüllend und anstrengend zugleich ist. Schauen wir dann zurück, wird uns erst bewusst, welche Höhe wir mühselig, Schritt für Schritt erklommen haben. Oben angekommen nehmen uns die Eindrücke von Weite und Höhe ein. Freiheit von den kleinlichen Alltagssorgen lässt sich am Besten in der reinen Bergluft gewinnen. Zum Zeichen dieser Erkenntnis lassen nicht nur Druiden oft sogenannte "Schteimannli", aufeinander geschichtete, flache Steine zurück. Während unsere Welt sich rasend schnell vorwärts bewegt, überdauern die Berge Äonen – bis auch sie am Schluss durch den Zahn der Zeit, Witterung und Tektonik geformt werden und vergehen. Ruhe, Stabilität und tiefer Frieden unter dem Himmel lassen sich einsam auf einem Hügel, Berg oder auch in der endlosen Weite unter freiem Sternenhimmel finden. Beachte bei Deinen Exkursionen in der realen Welt jedoch Deine Grenzen, die Umwelt, insbesondere das Wetter und die Tiere. – Im Gewitter meditiert sich's auf einer Bergspitze ausgesprochen gefährlich! Im Inneren Königreich jedoch ist eine Gewittermeditation herrlich.[6]

---

[6] Viele Situationen, welche in der Realwelt lebensgefährlich sind, können in der Innenwelt heilsam, sogar erleuchtend sein. Also NICHT in der Realwelt ausprobieren, sondern nur im inneren Königreich.

Über den Wolken, mit dem Wind
Wer hat als Kind nicht davon geträumt, sich in den weichen Flaum einer Schäfchenwolke zu kuscheln? Beim Blick von einem Berg über ein wallendes Nebelmeer fällt alle Trübsal und Müdigkeit von einem ab. Auch beim Blick aus dem Flugzeugfenster in die sich auftürmende Wolkenlandschaft lassen sich die spielerische Leichtigkeit und Vergänglichkeit der Wolken und der Winde erahnen. Mitten in einem heulenden Orkan lassen sich die Gewalt und der böige Tanz der Sturmgeister am besten wahrnehmen.

Manchmal lammfromm, dann wieder zu heulenden Furien entfesselt, immer aus wechselnden Richtungen. So wie das Leben ist auch das Wesen der Wolken und der Winde. Nie an einem Ort, stets auf Reise und fort, ohne Heimat doch sorglos glücklich jauchzend so ist der Wind. – Schon seit Anbeginn der Zeit haben die Druiden in den Wolken nicht nur das Wetter vorhergesagt, sondern vor allem ihre eigene Vorstellungskraft und Freiheitsliebe geschult. Noch heute besagt eine Chinesische Weisheit "Wolken ziehen vorbei". – Wie auch gute und schlechte Zeiten im Leben. - Trost und Warnung zugleich.
Im Inneren Königreich kannst Du mit den Winden sowohl ruhig als auch im tosenden Sturm fliegen, soweit Dich Deine Vorstellungskraft in fremde Welten und Kontinente trägt. In der realen Welt ist das schon schwieriger. – Ausser Du lernst Gleitschirmfliegen.

An einem Feuer

Egal ob Lagerfeuer, Kerzenflamme oder ruhige Glut im Kamin: Alle Arten von Feuer sind zutiefst magische Orte. Feuer kann fürchterlich in einem orgelnden Feuersturm wüten, oder sanft unsere Dunkelheit erleuchten und unsere Herzen wärmen. Alles eine Frage des Masses. Das Spiel von Licht und Schatten wird uns oft erst durch eine Flamme bewusst. Feuer verbrennt Substanz zu Asche und trägt sie teilweise in Form von Rauch in den Himmel. So wie ein Feuer Holz oder Wachs verzehrt, so kann der Blick in ein friedliches Feuer auch unsere negativen Gedanken verzehren, bis wir gereinigt und frei davon sind. Was zurückbleibt ist allein die Erinnerung in Form von düngender Asche. Anders als in der Realwelt, kannst Du Dich Im Inneren Königreich auch in die Flammen selbst begeben, um Dich darin von Negativem zu reinigen und wie der Feuervogel Phönix selbst, gereinigt und geläutert aus der Erinnerung der Asche wieder aufzuerstehen.

In einer Schwitzhütte oder Sauna

Eine Sauna ist eine feine Sache, besonders im Winter hilft sie uns, in der Hitze und Dunkelheit zu uns zu kommen und den ganzen emotionalen Ballast auszuschwitzen. Das belebt und vitalisiert den ganzen Körper, führt uns in unserer Nacktheit unter anderen zu uns selbst zurück und bringt uns so unserem eigenen Wesen und Körper näher. Man muss sich ja danach nicht gleich wie die Finnen mit Birkenzweigen peitschen oder wie die Russen fröhlich in ein Eisloch im Wasser hüpfen, ein kalter Guss genügt völlig, um wieder die Freude und das Leben in allen Gliedern zu spüren.

Einen ganz anderen Weg gehen manche Indianer Nordamerikas, welche in ihren Schwitzhütten nicht nur viel länger bei zudem sehr hohem Dampfgehalt verweilen, sondern dazu noch singen, oder sogar ein Kalumet mit einer speziellen Rauchmischung kreisen lassen. – Bitte nur unter fachkundiger Anleitung eines Medizinmannes und, nicht irgendeines selbst ernannten Hobbyschamanen, denn hier wirken alle vier Elemente zusammen.

Beide, Sauna und Schwitzhütte öffnen unsere Poren, reinigen uns von innen heraus und machen uns empfänglich für Botschaften aus den Anderswelten. Viele Druiden und moderne Yogis pflegen deshalb vor der Meditation ausgiebige Saunagänge zu absolvieren, um sich ihrer selbst bewusst zu werden und sich zu reinigen.

In einem Iglu

Ein Iglu zu bauen ist ein Stück Arbeit, dann aber bietet es nicht nur Schutz vor dem eisigen Wind, sondern stellt mit seiner Kuppelstruktur einen eigenen kleinen Sakralraum, ähnlich eines Doms dar. Das Licht im Inneren ist gedämpft, doch angenehm. Der Schnee dämpft alle Geräusche die von aussen kommen zu einem Murmeln und im Inneren herrscht Frieden. Wenn Du dann noch ein einzelnes Teelicht oder Kerzchen anzündest, so erstrahlt das ganze Iglu auch in finsterster Nacht in einer heiligen Wärme.

Bei aller Schönheit sind einige Vorsichtsmassnahmen dennoch unabdingbar: Achte auf die Stabilität Deines Iglus, mach kein Feuer im Inneren, setz Dich auf eine genügende Isolation und kleide Dich angemessen. – Im Inneren Königreich kein Problem, doch auch in der realen Welt kann der Bau eines Iglus Spass machen!

Bei einem Gletscher

Die eisige Klarheit der hochalpinen Eiswüste bietet uns Gelegenheit einmal tief durchzuatmen. Kristallklar verschafft einem die kalte Einsamkeit neue Weisheit und Einsicht.

Anders das Gletschertor, also die Öffnung unten am Gletscher, wo das Gletscherwasser abfliesst. Bei manchen Gletschern kann man dort sogar hinein, in eine surreale Welt aus ewigem Eis gehen. So wie aus dem ewigen Eis das lebendige Wasser springt, so mag ein Gletschertor zum Auftauen und neuen Leben inmitten der Wildnis inspirieren. In der Realwelt ist beim Meditieren auf Gletschern oder im Schnee allgemein Vorsicht geboten: Man unterkühlt sich schneller als man denkt. Oder wie es ein Kollege recht profan ausdrückte "Mit kaltem Hintern ist schlecht überwintern."
Im inneren Königreich jedoch kannst Du Gletscher schmelzen oder deren Kristallwelten im Inneren nach Belieben bereisen.

In der Zivilisation

Nicht nur in der freien Natur und bei Sakralbauten, auch in der profanen Zivilisation gibt es geeignete Orte, die eine bestimmte Energie ausstrahlen. Sei es ein langer, dunkler Gang, eine unendlich hohe oder tiefe Wendeltreppe, ein Lift, ein Turm, ein tiefes Kellergewölbe oder gar ein beliebiges Sciencefiction-Portal. Du allein entscheidest, einmal in Deinem inneren Königreich angekommen, durch welche Portale es weiter geht. Zur Reise ins innere Königreich selbst sind diese letzte Art von Portalen aber eher etwas schwierig.

Mein Lehrmeister Horst Martin pflegte die Menschen zu lieben und meditierte deshalb auffallend gerne in Stadtparks, bei Brunnen, Kirchen oder auch schon mal in einer fahrenden, vollen und rumpelnden Strassenbahn...

Die richtige Tageszeit
Du kannst eigentlich jederzeit in die Anderswelt reisen. Viele Druiden meditieren direkt nach dem Aufwachen, oder vor dem Einschlafen. Wenn Du in die Unterwelten reisen möchtest, so geht das am besten nachts insbesondere Mitternachts.
Möchtest Du in die Oberwelten reisen, so ist das tagsüber, insbesondere mittags am einfachsten.
Zu Sonnenauf- oder Untergang lässt es sich jedoch generell am leichtesten reisen, wobei es Dir freisteht, ob Du auf- oder absteigen möchtest.
Stell Dir den Tag wie einen Atemzug vor: Einatmen ist der Morgen, gefüllte Lungen ohne Atmung ist Mittag, Ausatmen entspricht dem Abend und der Nacht und Mitternacht völlig entleerten Lungen. Die Luftmenge in Deinen Lungen entspricht dabei dem Sonnenlicht des Tages.
Weder der Stillstand während der extremen Füllung noch Entleerung wird von den meisten als besonders angenehm empfunden. Demzufolge ist das angenehmste Meditieren am frühen Morgen oder zur Abendzeit möglich.

Reisevoraussetzungen
Das Reisen ins innere Königreich und von dort aus in die inneren Welten ist ein magischer Prozess und findet demzufolge wie es mein Meister auszudrücken pflegte ausschliesslich "zwischen zwei Ohren" statt. Erwarte anfangs deshalb nicht zu viel. Mit der Übung kommt die Erfahrung und damit die Erkenntnis. Laufen und Sprechen haben wir ja auch nicht an einem Tag gelernt.

Reise in möglichst guter Verfassung
Am besten probierst Du das Reisen ins innere Königreich bei guter Verfassung, ausgeruht und einigermassen ausgeglichen, in einer ruhigen Umgebung aus, denn mit vollem Magen oder hungrig, mit Schmerzen oder drängenden Gedanken ist es viel schwieriger, das innere Königreich zu bereisen.
Ebenfalls nicht sinnvoll ist das Reisen wenn Du übermüdet oder vergiftet, nach Exerzitien, Extremfasten oder ähnlichem geschwächt bist: Das Reisen ist nicht ein Halluzinieren, sondern ein bewusstes Eintreten in Anderswelten.

Reise drogenfrei

Reise deshalb auch unbedingt ohne Drogen! Drogen lassen einen zu intensiven, ungeschützten aber grob verzerrten Kontakt zu, der zu permanenten geistigen Schäden führen kann. Dabei ist es egal, ob die Droge legal ist oder nicht. Tabak beispielsweise dämpft Dein Empfindungsvermögen so stark, dass alles dumpf und abgestumpft erscheint. – Kuschelig zwar, aber sinn-, farb- und geruchlos, ohne tiefe Emotion.

Alkohol wirkt je nach Herkunft und Konzentration verschieden, aber er zerstört Deine Imaginationsfähigkeit und Dein Denken.

Das Reisen mit Drogen ist Sache der Schamanen, die zum Wohle ihres Stammes oder ihrer Klienten mehr oder weniger bewusst einen hohen Preis an Körper und Geist bezahlen. – Zu hoch, wenn Du einen Druiden fragst. Vor allem auch weil es ohne Drogen, dafür mit mehr Übung einfacher, tiefer und gesunder geht.

Bleib auf dem Teppich

Flüchte Dich nicht aus der Realität in eine Traumwelt! Das Reisen ins innere Königreich sollte stets gut geerdet und harmonisch erfolgen.

Bleib mit den Füssen auf dem Boden und flieg nicht zu nahe an der Sonne!! Jede Art von Realitätsflucht ist Selbstbetrug und kann im schlimmsten Fall zu groben Disharmonien oder gar Wahnsinn führen!

Der Sinn des Reisens ins innere Königreich ist die Erschaffung und Aufrechterhaltung von innerer Harmonie, auch und speziell für den Alltag. Jede Art von Meditation soll uns für den Alltag stärken und uns nicht in eine illusorische Gaukelwelt entrücken.

Such Dir ein friedliches Plätzchen

Meditiere nicht an gefährlichen Orten oder an Orten wo Du gestört wirst. Respektiere die Elemente und Deine Umgebung. Weder ein Blitzschlag noch das Erfrieren auf einem Gletscher lassen Dich besonders heilig werden, sondern besonders tot. Also lass den Quatsch und such Dir ein ruhiges Eckchen, wo Du ungestört, zuhause oder in Gottes freier Natur in Frieden meditieren kannst.

Zum Umgang mit Störenfrieden mehr in Band 1 aus dieser Reihe.

Bleib bescheiden

Wenn Du geübt im Umgang mit Deinen inneren Energien bist, wirst Du feststellen, dass Du durch blossen Willen die Realität in dieser Welt durch Imagination zunächst subtil, dann im Masse Deines steigenden Vertrauens immer deutlicher beeinflussen kannst.

Missbrauche diese Gabe keinesfalls für egoistische Zwecke, für Geld oder um anderen zu schaden.[7]

Jeder Fluch fällt auf den Fluchenden zurück, ja jeder negative Gedanke fällt auf den Denker zurück. Deshalb sollte jeder Fluch ein Segen sein. Dazu mehr im letzten Kapitel dieses Buches.

Vorbereitung zum Reisen

Egal wie Du reist, es ist nicht unbedingt notwendig, doch hilft ungemein, wenn Du zuvor ein Ritual ausführst, dass Dich richtig einstimmt, Dir Schutz und Sicherheit vermittelt und Dir gestattet, die Mühen und Sorgen des Alltags hinter Dir zu lassen. Kurzum, Dich auf das Reisen zu konzentrieren.

---

[7] Das meine ich wörtlich todernst! Flüche und jede Art von Gurutümelei führen unweigerlich zu einem Absturz, tiefer als der Schlund der Hölle.

Geweihter Raum

Sinn und Zweck der Weihe Deines Meditationsplätzchens ist, dass Du selbst in eine meditative Stimmung gerätst und dich den Energien des Universums öffnen kannst. – Und dass Du dich dabei geborgen und geschützt fühlst.

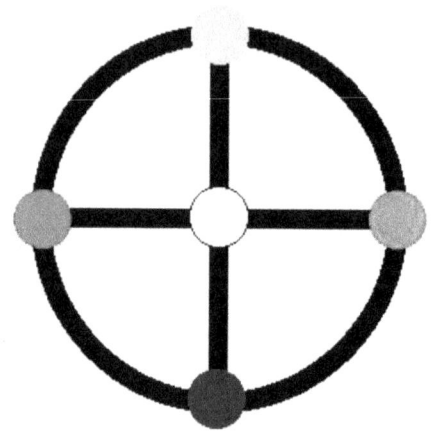

In der keltischen Tradition spielen die drei "alten" Elemente Erde, Wasser und Wind eine grosse Rolle.
Seit ungefähr zwanzigtausend Jahren hat sich das vierte Element "Feuer" dazu gesellt.[8]
Erst etwa seit zweitausend Jahren ist das fünfte Element, die Liebe, oder das Leben aus der harmonischen Wiedervereinigung dieser vier ins Bewusstsein der Druiden gerückt.[9]

Wer kennt nicht die Keltenkreuze mit den vier Kugeln oder Löchern rund um ein zentrales Element?
Genau wie beim Elektromagnetismus erzeugt die richtige Anordnung der drei oder nunmehr vier Elemente in der Mitte einen sogenannten Vortex, oder eben eine sich drehende Energiesäule nach oben und unten.

Selbstverständlich kannst Du auch einen Drudenfuss oder Pentagramm benutzen. Das sieht dann gruftiger aus, wirkt aber auch nicht besser!
Was hingegen sehr gut funktioniert, ist eine Pyramide. Auch die besteht aus vier Seitenkanten und einer Zentralachse nach oben und unten.

---

8 Was einige Druiden heute noch nicht akzeptieren mögen.
9 Eine Verdoppelung der Dreier und Viererharmonien in einer Negativ und Positivform ergibt den Sechs oder Achtstern, das Salomonssiegel. Doch das ist nicht druidisch, sondern Angelegenheit von Hexern und Magiern. – Hände weg, 100% Defizitgeschäft!

Weihe der vier Winde
Die alten Druiden richteten sich ihren Meditationsraum durch die sogenannte Weihe der vier Winde ein.
Dazu verwendeten sie Bäume, Stöcke, Stäbchen, Steine, Kerzen bzw. Feuer, das Ausgiessen von Flüssigkeiten, Wasserspiegel oder seltener und erst seit wenigen hundert Jahren Räucherwerk. Im Prinzip geht alles was tragbar ist und dem Symbolwert inne wohnt.

Reinige eine ausreichend grosse, möglichst kreisförmige Fläche von allem Unrat. – Es ist nicht notwendig zu staubsaugen, aber alles was Dich später in Deiner Konzentration stören könnte, solltest Du aufräumen. So etwa ein bis zwei Meter Durchmesser sollten genügen. Elegant ist die Methode der arabischen Mystiker: Die breiten einfach ihren Gebetsteppich aus.

Nachdem die Fläche gesäubert ist, ziehst Du Deine Schuhe aus und stellst sie aussen hin. Geweihter Boden soll barfuss betreten werden!

Du beginnst Den Aufbau Deines Meditationsraums, indem Du erst mal einen Kreis um ihn herum, noch im sauberen Bereich ziehst. Das kann ein Kreidestrich, ein Strich im Sand oder der Erde, ausgestreuter Sand oder ein Bindfaden sein. Einfach etwas, das Deinen Wirkkreis sichtbar umschreibt.

Dann setzt Du Dich in der Mitte nieder und kommst erst mal so weit wie möglich zur Ruhe und inneren Besinnung. Meditiere dazu einspitzig, also durch Konzentration auf einen Gegenstand wie beispielsweise eine Kerzenflamme oder einen Stein, oder mehrspitzig, also durch Konzentration auf möglichst viele Sinneswahrnehmungen gleichzeitig, zum Beispiel alle Geräusche.[10]

---

10   Eine ausführlichere Beschreibung gibt's im ersten Band dieser Reihe oder auf www.druidenwissen.ch.

Sobald Du innerlich so ruhig wie möglich geworden bist, stehst Du auf und wendest Dich dem Norden zu, dort wo der Nordstern scheint. Du hältst den Gegenstand, den Du dem Norden zu weihen gedenkst in den Händen und wirst Dir gewahr, dass in finsterster Nacht, tiefster Ruhe und Stillstand Weisheit Erholung, Regeneration und Heilung zu finden sind. So wie wir Menschen jede Nacht schlafen, so erholen wir uns. Zum Zeitpunkt der Ruhe zwischen zwei Atemzügen können wir unseren Puls am besten fühlen. Das Wahrnehmen und Weisheit durch stilles Gewahrwerden ist das Geheimnis und die Kraft des Nordens. Der Nordstern ist sein Hüter. Die weis(s)e Frau des Nordens bekannt als Frau Hulla, Holda oder Holle. Im nordisch-germanischen Pantheon entspricht sie Frigg.
Setze Deinen Stein, Kerze, blaues Tuch oder am besten eine gefüllte Wasserschale im Norden direkt auf den Kreis.

Dann wendest Du Dich dem Süden zu und denkst an die Kraft des Mittags. - Die pure Lebens-, Liebes- und Sonnenenergie.
Alles Leben auf dieser Erde wird durch die Sonne erst möglich.
Mit ihren liebenden Strahlen sieht sie laufend auf uns nieder, gibt uns Licht und Wärme. Nur durch die aktive Wirkung der Sonne können Pflanzen wachsen. Nur so haben Tiere und Menschen Nahrung.
Zur Zeit des höchsten Sonnenstandes seines Lebens steht auch der Mensch im Zenit seiner Schaffens- und Wirkkraft. Diese Energie ist es, die uns der Sommer und der Süden schenken. Im keltischen Glauben entspricht dies Lugh, dem tatkräftigen Handwerker, oder im germanisch nordischen Glauben dem tüchtigen Thor.
Danke dem Sommer und der Mittagssonne dafür, dass sie Dich mit Schaffenskraft erfüllt und setze auch hier Deinen Stein, ein gelbes Tuch oder am besten Deine Kerze ab.

Im Gleichgewicht zwischen Ruhen und Tun liegt die Liebe zwischen Sommer und Winter, Mittag und Mitternacht. Yin und Yang, weiblich und männlich. Es ist kein Gegensatz sondern ein sich ergänzendes Ganzes.

Als Nächstes wendest Du Dich dem Osten zu. Im Osten geht die Sonne auf. Von dort kommt die Zukunft, die Hoffnung, die Jugend und mit der Morgenröte die Zuversicht auf einen neuen Tag.
Auf jeden Winter folgt ein Frühling und die ersten warmen Strahlen der Sonne entfachen das Feuer der Liebe erneut. Denke gut über das Prinzip der Hoffnung und der Zuversicht nach und danke dem Osten dafür, dass dort die Sonne jeden Tag wieder von neuem aufgeht. Es ist die Himmelsrichtung der Erneuerung. Setze einen Stein, ein grünes Tuch, ein Stück Holz, oder eine Feder im Osten nieder.

Dann wendest Du Dich dem Westen zu.
Im Westen geht die Sonne unter. Im Herbst wird die Ernte des Jahres eingefahren und im Alter findet der Mensch zur Ruhe und zum Frieden. Am Abend des Lebens ist es nicht mehr notwendig zu kämpfen, sondern man verarbeitet die Früchte des Jahres.
Es ist die Himmelsrichtung der Reife und des Erntedanks. Setze einen Stein, eine Kerze, ein rotes Tuch oder einen reifen roten Apfel nieder.

Das Gleichgewicht zwischen Werden und Vergehen ist das Geheimnis der Harmonie. Es ist kein gewalttätiger Prozess, und auch kein abrupter Vorgang, sondern das harmonische Fliessen mit dem Strom der Zeit im Wechsel zwischen Tag und Nacht, den Jahreszeiten und den Zeitaltern des Menschen.

Fertig? – Mitnichten!

Stelle dich in die Mitte Deines Kreises und blicke empor zu Vater Himmel.

Öffne Deinen Geist für die befruchtenden Energien des Himmels, den himmlischen Vater, welcher im Blau des Himmels und dem Funkeln der Sterne seinen Willen und seine unbedingte Liebe erahnen lässt.

Nur durch den befruchtenden Willen des Schöpfers ist Leben möglich. Spüre die unbedingte Liebe des Himmels und fühle Dich darin geborgen.

Wenn Du willst kannst Du Räucherwerk in den Himmel steigen lassen.

Blicke zwischen Deine Füsse auf den Boden und sieh Mutter Erde, wie sie alles Leben fruchtbar hervorbringt und uns alle geduldig erträgt.

Alles was unter uns, dunkel und verborgen sein mag, ist in ihrer mütterlichen Liebe umfangen. Sie gibt uns Halt und das Gefühl am Busen der grossen Mutter genährt und geliebt zu werden.
Wenn Du willst, kannst Du Ihr ein Trankopfer am besten aus Wasser darbringen.

Auch Himmel und Erde, männlich und weiblich sind harmonisch als sich ergänzendes Paar in Harmonie verbunden. Der Himmelsvater befruchtet, die Erdmutter empfängt und lässt es durch ihre Substanz werden.[11]

Setze dich nun, nachdem Du der Harmonie zwischen den Elementarkräften sowie Himmel und Erde gewahr geworden bist, vorzugsweise mit Blickrichtung des derzeitigen ungefähren Sonnenstandes auf den Boden und beginn Deine Meditation.

---

11   Das lässt sämtliche Männer Bzw. Frauenhasser/innen als die armseligen, verwirrten Gestalten dastehen, die sie sind. Yin und Yang vervollständigen sich anstatt sich zu bekämpfen. Nur so entstehen Leben, Magie und Liebe.

Reisearten

Um in Dein inneres Königreich zu reisen, musst Du es Dir nur vorstellen. Das ist nicht so einfach, wie es zunächst tönt, denn was Du sehen sollst, ist keine reine Imagination, sondern ein Abbild Deiner selbst. – Schliesslich wollen wir ja nicht einfach tagträumen, sondern etwas bewirken.

Vor langer Zeit wurde deshalb die Meditation der Innenschau ersonnen. Im europäischen Kulturraum wurde dieses Wissen beinahe ausgelöscht – aber nur beinahe. Im urindischen Raum ist die Innenschau in diversen Kulturen in abgewandelter Form als "innerer Kreislauf" bestens bekannt.

Eine moderne Druidenmeditation

So viele Druiden es gibt, so viele Arten zu meditieren gibt es. Doch es ist unerlässlich mindestens eine funktionierende Technik zu kennen. Deshalb hier die Anleitung zu einer sehr verlässlichen Meditation. Sie basiert auf der Urmeditation der vier Pfeiler und der "Schau des inneren Königreichs".

Sobald Du in Deinem Schutzkreis sitzt, kannst Du die Augen schliessen. – Übrigens: Wie sitzt Du denn da? Wenn Du auf dem Boden sitzt, solltest Du entweder in einem bequemen "Schneidersitz", also mit kreuzweise untergeschlagenen Beinen, oder im Hocksitz oder "Zazen" sitzen. Vergiss während der ganzen Meditation nicht, Deine Position stets ganz leicht zu verändern. Wir wollen ja nicht, dass Dir die Füsse einschlafen.

Du solltest Dich ausserdem um eine gerade Wirbelsäule bemühen. Nur mit einer möglichst geraden, aufgerichteten Wirbelsäule wird die Meditation gelingen. Grosse Meister schaffen das zwar auch im Liegen, aber erst nach Jahren der Übung. Kreise also ganz leicht und langsam mit dem Oberkörper. Löse so sachte Verspannungen in der Wirbelsäule. Gehe dabei nicht zu weit nach hinten. Das Kreisen beginnt von oben her gesehen linksherum im Kreuzgelenk.

Ist dieser Wirbel einigermassen gelöst, drehst Du etwa auf Höhe der Nieren, dann etwa auf Höhe des Bauchnabels, der Milz und Leber, des Herzens, der Lunge und schliesslich sachte den Kopf. Dann das Ganze wieder sachte schrittweise abwärts. Jetzt solltest Du auch körperlich einigermassen gelöst sein. Anschliessend richtest Du Deine Wirbelsäule gerade auf. Das Becken ist dabei nach vorne gekippt, das Kinn deutlich eingezogen. Halte diese Stellung während der ganzen Meditation möglichst ein.

Als nächstes achtest Du auf Deine Atmung: Atme, sofern möglich durch die Nase langsam und tief ein. Halte den Atem so lange locker an bis es Dir unbequem wird und atme dann durch den Mund langsam und tief aus. Warte mit dem nächsten Einatmen ebenfalls so lange, bis es Dir unbequem wird. Die meisten Druiden sollten den Atem während etwa sieben Pulsschlägen anhalten und während etwa vierzehn Pulsschlägen ein respektive ausatmen können. Wichtig ist, dass Du nicht nur mit dem Brustkorb, sondern auch mit dem Bauch so weit wie nur irgendwie möglich ein- und ausatmest, ohne Dich dabei zu verkrampfen. Achte weiterhin auf eine gerade Wirbelsäule und lege Deine Zunge ganzflächig an den oberen Gaumen, so dass die Spitze die Schneidezähne berührt.

Atme so weiter und konzentriere Dich auf Deinen Hintern. Ja genau auf Deine "vier Buchstaben" genauer gesagt aufs Ende Deiner Wirbelsäule, welches noch unter dem Becken aus zwei winzigen Wirbeln besteht, sowie auf die Hautpartie zwischen Schliessmuskel und Geschlechtsteil, das sogenannte Perineum. Indem Du Deine Aufmerksamkeit dorthin lenkst, stellst Du Dir vor, wie Du aus dieser Region Wurzeln bis tief in die Erde absenkst. Du willst zum Reisen eine möglichst gute und tief verwurzelte Bodenhaftung haben. Also stell Dir Deine Wurzeln kräftig und tief vor, so dass Dich nichts so schnell umwirft. Jedes Mal beim Ausatmen senkst Du sie ein Stück weiter in den Boden. Kneife dabei den Bereich zwischen Geschlechtsteil und den Schliessmuskel leicht zusammen. Alles Negative und Belastende lässt Du dabei aus Dir in die Tiefe sinken. Keine Sorge, für Mutter Erde ist das bester Dünger und ausserdem haben wir sie ja vorher angerufen und sie ist gerne bereit ihren Kindern zu helfen.

Sobald Du Deine Wurzeln abgesenkt hast, wird es Zeit, sich beim Einatmen auf den höchsten Punkt Deines Schädeldaches zu konzentrieren. Öffne den innersten Kern Deines Hirns wie das Blätterdach einer Baumkrone nach oben, um die Energien der Umgebung, insbesondere die kosmischen Energien von oben wahrnehmen zu können. Stelle Dir dabei bei jedem Einatmen eine sich nach oben ausbreitende Blätterkrone vor. – He, wir machen hier eine Druidenmeditation, also ist es doch klar, dass irgendwo ein Baum vorkommt oder? Erst wenn Du, je nach Tageszeit auf Deinen Blättern die Energie der Sonne, der Sterne oder des Mondes spürst ist Deine Krone genug ausgebreitet.

Allein schon dies zu erreichen, kann zu Beginn gut und gerne zwei drei Monate der täglichen intensiven Übung erfordern. – Entspann Dich und erwarte nicht zu viel.

Wenn alles bis hierhin schon vertraut ist und einigermassen klappt, dann kannst Du versuchen, Dich während Der Meditation, mit gradem Rücken, tief atmend und gut verwurzelt, mit offener Krone, auf Deinen Bauchnabel zu konzentrieren. Direkt hinter Deinem Nabel, etwas unterhalb vielleicht, liegt eines der drei grossen Energiezentren in unserem Körper. Die Alten nannten es die untere Sonne. Versuche dort vorhandene Energie in Form von Wärme aufzuspüren. Die Energie der unteren Sonne kommt übrigens von der täglichen Nahrung. Fühle Dich in Deinen Unterbauch hinein und spüre die ruhige, dort gespeicherte Wärme. Die Farbe dieser Sonne ist rot bis orange. Lass etwas davon nach unten, durch Dein Geschlechtsteil bis an den tiefsten Punkt Deines Steissbeins fliessen. Das braucht schon ein bisschen Übung. Jedes Mal beim Einatmen ziehst Du diese Energie entlang der Wirbelsäule etwas weiter nach oben. Es ist normal, dass die Energie beim Ausatmen wieder etwas absinkt. Sobald Du die Höhe der Nieren erreicht hast, sollte sich dort ein gewisses Gefühl von Wärme bemerkbar machen. Wenn auf dieser Höhe ein Teil der Energie wie automatisch wieder zurück nach vorne fliesst, so hast Du den ersten kleinsten Kreislauf geschlossen. Lass es ruhig etwas so fliessen, aber nicht zu lange, sonst könnte sich Deine Sexualfunktion überhitzen.

Atme ruhig weiter und ziehe wie bisher die Energie durch Zusammenziehen des Schliessmuskels und Perineums beim Ausatmen weiter nach oben. Auf Höhe von Leber und Milz befindet sich unterhalb der Rippen in der Mitte der Sonnenpunkt, der sogenannte Solar Plexus. Er ist die zweite der drei Sonnen in unserem Körper. Seine Farbe ist gelb. Wenn auch hier wieder etwas Energie nach vorne fliesst, so ist das auch in Ordnung. Du hast damit zusätzlich zum kleinen, den mittleren Energiekreislauf geschlossen.

Das kannst Du recht lange machen und Dich so von emotionalem Ballast befreien. Sieh es als eine Art "Rohrreinigung" an.

Klappt auch das, so zieh die verbleibende Energie, welche nun laufend aus der untersten und mittleren Sonne gespeist wird, weiter nach oben bis durch den Atlas, so heisst nämlich der oberste Wirbel bis mitten hinein in den Schädel. Das ist nicht ganz einfach, klappt aber mit etwas Übung sicher. Es fühlt sich an wie das Einströmen von klarem Wasser in eine Schale. Das kann etwas dauern, wird aber mit der Zeit klappen. Der Schädel oder genauer unser Hirn ist die dritte, blaue der drei Sonnen.[12] Hier wohnen der Intellekt und der Verstand. Bei uns Westeuropäern im Verhältnis zu den unteren beiden Sonnen meist eher zu viel denn zu wenig. Lass Deine Lebensenergie einfach munter nach oben sprudeln und vom warmen Sonnenlicht, welches Du ja durch Deine Krone empfängst bescheinen.[13] Wenn Du willst, kannst Du auch Deine Augen öffnen und die Schönheit Deiner Umgebung wahrnehmen.

Lasse nun Deine, von der Sonne erwärmte und gereinigte Lebenskraft durch den Gaumen vorne durch den Hals nach unten fliessen. Nicht vergessen, laufend von unten neue Lebenskraft nachzuholen! Atmung und Haltung kontrollieren.

---

12   Drei Sonnen und drei Primärfarben. Ihnen entlang tut sich der Regenbogen der Chakren auf.
13   Lebensenergie, Prana, Od oder Qi, oder Kundalini - ist dasselbe.

Erste Station ist Deine Schilddrüse oder Thymus. Alles was uns "in den falschen Hals kommt" oder wir "nicht so einfach schlucken wollen" wird vom Thymus abgewiesen. Dasselbe geschieht, wenn wir einen "dicken Hals" machen. Bade diesen kleinen Wächter in Lebensenergie, bis er ganz sauber in weissem Licht erstrahlt. Gerade zu Beginn mag das durchaus einige Minuten dauern.

Als nächstes lässt Du Deine Lebensenergie von oben, wie einen klaren, von der Sonne gereinigten und erwärmten Wasserfall über Deine Lungen fliessen. Mit Deinem Atem aus den Lungen holst Du nicht nur Luft, sondern Du benutzt diese Luft auch zum Sprechen.
Manchmal mag dir etwas "den Atem verschlagen" oder Dich etwas so bedrücken, dass Du kaum mehr Luft bekommst. Aber meistens ist die Lunge dazu da, damit Du aufrichtig zu Dir und anderen aus voller Tiefe und Überzeugung Deine Gedanken kundtun kannst. Bade diesen Hüter der Aufrichtigkeit in Lebensenergie, bis beide Lungen in strahlend blauem Licht scheinen.[14]

Wenn Du Deine Lebensenergie weiter nach unten ausgiesst, kommst Du zu Deinem Königsorgan. Zu Deinem Herz! Hier wohnen Liebe, aber auch Hass. Es ist nicht nur fürs Reisen in die Anderswelt sehr wichtig, dass Du Dein Herz mit liebender Lebensenergie badest bis auch es komplett frei von negativen Gefühlen ist und rot oder weiss in Liebe strahlt. Rot ist die Liebe zu lebenden Dingen, weiss ist die bedingungslose Liebe allem gegenüber. Wichtig ist, keine negativen Gefühle zu horten, da diese Dir ansonsten in der Anderswelt begegnen können. Es ist einfacher, sie durch das Baden in lichterfüllter Lebenskraft zu reinigen und zu läutern, als später in der Anderswelt.

Lass nun Deine Lebenskraft nach rechts über Deine Leber und die Galle, welche direkt auf der Leber sitzt laufen. Warst Du auch schon mal "gallig" oder ist Dir die "Galle hoch gekommen"? Also eigentlich ist die Galle ein humorvoller Witzbold, der aber auch sehr ätzend werden kann, wenn man ihn ins Eck treibt. Sicher ist Dir auch schon einmal "etwas über die Leber gelaufen"?
Die Leber ist so etwas wie der Krieger unter den Organen. Sie ist da-

---

[14] Deshalb sind/werden Druiden meist Nichtraucher – Sie brauchen keinen Nikotinstossdämpfer um sich herum, sondern einen klaren Verstand und eine gesunde Lunge.

für verantwortlich, Gifte aus dem Blutkreislauf auszuscheiden, Blut zu produzieren und eine Reihe weiterer Abwehrfunktionen eingedrungenen Infekten oder Giften gegenüber wahr zu nehmen. Ein guter Krieger ist milde und weise, grosszügig und geduldig. - Solche Heldenqualitäten sind selten in unserer Zeit. Umso wichtiger, sie in Dir zu pflegen, indem Du Galle und Leber mit heller Lebensenergie übergiesst, bis sie in einem hellen grünen Licht erstrahlen. Wenn Du Verbitterung oder Groll aus der Vergangenheit in Dir trägst, so ist das Dein Kandidat zur gründlichen inneren Reinigung.

Daraufhin geht es links rüber zu Milz und Bauchspeicheldrüse.
Die beiden sind dafür zuständig, alles was uns so "reinkommt" zu analysieren und "das Beste daraus zu machen". Manchmal ist das was uns so rein kommt wirklich unbekömmlich.[15] Aber wenn Milz und Bauchspeicheldrüse in Form sind, so bilden sie ein unschlagbares Paar zur Abwehr alles Unnützen und der Verwertung alles Nützlichen. Auch unnützer Gerümpel, der nicht mehr sinnvoll ist, wird von der Milz speditiv zerlegt und abgeführt. Dabei lernen Milz und Bauchspeicheldrüse laufend dazu Nützliches von Unnützem oder Gefährlichem zu unterscheiden. Wenn Du zu Melancholie, einem Spleen oder einer weltfeindlichen, fatalistischen Einstellung neigst, ist es besonders sinnvoll, Milz und Bauchspeicheldrüse sorgsam in sonnendurchfluteter Lebensenergie zu baden, damit die Zuversicht stark wird. Wenn sie fit sind, strahlen sie in einem gelben Licht, sind sanft und milde gestimmt.

Als letztes lässt Du Deine Lebensenergie leicht nach hinten unten, zu Deinen Nieren fliessen. Wenn Dir etwas "an die Nieren" geht, so stimmt es Dich anhaltend traurig. Sind die Nieren jedoch fit, so sind sie Hort grossen Urvertrauens, sowohl in Dich selbst, als auch in die Umwelt. Sie reinigen von allen Tränen und lassen die Fröhlichkeit wieder aufleben. Diese Reinigungsfunktion ist wichtig, damit uns emotionaler Ballast des Alltags nicht behindert. Es ist ok auch einmal zu weinen.

---

15 Zucker, Fertigfrass und Drogen aller Art, insbesondere Alkohol lassen die Fähigkeiten unserer Bauchspeicheldrüse schwinden: Pfoten weg!

Bade die Nieren als Hort der Zuversicht und des Speichers von Lebenskraft in gereinigter Lebenskraft, bis sie wie ein See in tiefem Blau erstrahlen. Ihr Himmelskörper ist die Venus.

Die unten angekommene Lebensenergie ziehst Du nun zusammen mit der Lebensenergie aus dem unteren Energiezentrum wieder nach oben. Wenn Du dabei ein starkes Glücks oder universales Liebesgefühl verspürst und lächelst, so machst Du es richtig.

Während obiger sechs Schritte solltest Du sorgfältig auf Deinen Atem und Deine Haltung achten. Pumpe durch Zusammenziehen des Perineums fortlaufend Lebensenergie nach oben, damit Du sie von Sonnen- oder Mond-, sowie der kosmischen Energie energetisieren und reinigen lassen kannst, bevor Du Deine inneren Organe damit reinigst. Du kannst das im Prinzip unbegrenzt lange machen. Im Druidentum nennt man das den inneren Kreislauf. Die griechischen Druiden haben den einzelnen Organen je noch einzelne Planeten, Oktaven und anderes mehr zugeordnet. Aber für uns reichen die Emotionen völlig.

Um nun ins innere Königreich zu reisen, nimmst Du die vier Elemente, mit denen Du Deinen Ritualplatz aufgebaut hast zu Hilfe:

Während Du Deinen inneren Kreislauf aufrechterhältst, spürst Du die Energien von Feuer und Wasser im Süden und Norden als gelbe und blaue Energiekugeln. Ebenso spürst Du die Energien von Wind und Erde als grüne und rote Kugeln. Je besser Du bei der Weihe ihren Symbolgehalt verinnerlicht hast, umso stärker sind sie nun. Lasse sie in Gedanken von oben her gesehen langsam im Uhrzeigersinn rotieren.[16] Durch Dich hindurch fängt sich eine helle Lichtsäule von der mütterlichen Erde bis zum väterlichen Himmel an zu bilden. Lass die Säule hell und stark werden. Sie sollte direkt durch alle drei Deiner inneren Sonnen oder Energiezentren gehen. Je mehr sich diese in Harmonie befinden, desto leichter fällt die Übung. Deshalb haben wir ja zunächst auch den inneren Kreislauf praktiziert und unser inneres System gereinigt.

---

16   Auf der Südhalbkugel im Gegenuhrzeigersinn, da Nord und Süd, Ost und West vertauscht sind wenn Du nach Norden anstatt Süden kuckst.

Diese Lichtsäule ist Dein innerer Weltenbaum oder dein Seelenbrunnen in einem. Welche Art Baum und ob Du auf oder in ihm auf und absteigst, ist Dir allein überlassen.

Das Reisen geschieht allein in Deiner Vorstellungswelt und Du bist beim Reisen sicher. Einzig sehr lästig wären abrupte Störungen aus der Realwelt oder Halluzinationen, welche Deinen Körper in der Realwelt in Gefahr bringen. Reise deshalb nie mit Drogen.

Wenn Du innerhalb Deiner Lichtsäule langsam aufsteigst, so tut das auch ein Lichtabdruck Deines Körpers, dein sogenannter Astralkörper. Mit diesem kommunizieren andere astrale Wesenheiten, welche Du auf Deinen Reisen triffst. Was das für Wesen sind, wo und wie Du Ihnen am besten begegnest wird ab Seite 49 genau beschrieben.

Reisen im Seelenei
Eine andere Art auf der eigenen Lichtsäule zu reisen, ist das sogenannte Seelenei. Das Reisen im Seelenei gab schon griechischen und römsichen Autoren Stoff für ihre wilden Spekulationen um das "heilige Schlangenei der Druiden". Dabei handelt es sich nur um ein meditatives, wenn auch sehr mächtiges urdruidisches Reiseverfahren.

Du bleibst mit Deinem Bewusstsein immer zum grössten Teil in Deinem Körper und sendest in Deiner Vorstellung nur einen Boten, ein Abbild Deiner selbst, eingekapselt in ein Ei und mit Dir verbunden durch eine Art silberne Schnur aus Deinem Scheitelpunkt in andere Ebenen. Keine Sorge, sollte Dein Seelenei abhanden kommen, verlierst Du nichts. Es erfolgt nur ein abrupter Kommunikationsabbruch und ist etwas unangenehm.

Das Reisen im Seelenei braucht eine immense Vorstellungskraft und sehr starke meditative Fokussierung. Die Kommunikation ist dabei nicht so deutlich, als wie wenn Du selbst wanderst und Dir werden nicht so deutliche und klare Eindrücke zuteil. Dafür kannst Du Dich auch zwangloser in eher unangenehme Gefilde begeben.

Durch Entrückung in Askese oder Gottesgnade

Die Bücher und Sagen sind voll von zeitweilig oder permanent entrückten Heiligen und Gläubigen.

Egal in welcher Glaubensrichtung: Im Innigen Gebet, oder durch die Praxis äusserster Enthaltsamkeit kann es sein, dass Praktizierende spontan einer anderen Ebene gewahr werden.

Meist ist es eine höhere Ebene, es kann sich aber auch um eine der Niederwelten handeln. Im Zenbuddhismus wird teilweise während des Anstarrens einer weissen Wand gar so lange über offensichtlichen Unsinn nachgebrütet, bis eine Realitätsverschiebung eintritt.

Auch in gewissen Sekten lässt man die Jünger so lange hüpfen oder um die eigene Achse wirbeln, bis sie in Extase und teilweise in Entrückung geraten. Das ist zwar auch ein Weg, aber Druiden pflegen bei vollem Bewusstsein zu reisen.

Grösste Achtung hatten und haben die Druiden hingegen nach wie vor Kindern gegenüber, welche durch Gottesgnade Dingen ansichtig wurden oder sind, welche sich der Welt der Erwachsenen verschliessen. Von den Kindern lernen wir die Fantasie, das Staunen und nicht zuletzt die Hoffnung wieder.

Mit Hilfe eines Meisters

Unter Meister verstehe ich ein Wesen, welches Dir den Übergang erleichtert oder ein Tor öffnen kann.

Sei sehr vorsichtig, wenn Du einen Menschen als Meister wählst. Menschen sind anfällig auf Versuchungen. Sie können ihre Position, je überlegener sie sich wähnen, sehr leicht missbrauchen. Besonders diejenigen, welche sich lauthals übermenschlicher Kräfte rühmen, sind meist nur geltungssüchtig oder geldgierig.

Wahre Meister erkennst Du an ihrer bescheidenen und durchaus auch menschlichen Art, inklusive offen eingestandener Fehler. Ausserdem gibt es genügend andere Meister. Du findest Sie meist an speziellen Orten oder als Bäume. Mehr über das Sprechen mit Bäumen findest Du im ersten Band dieser Reihe. Allerdings ist es unumgänglich, dass Du zunächst in die innere Ruhe findest, bevor Du mit diesen wahren Meistern Kontakt aufnehmen kannst.

Durch reine Imagination
Zunächst suchst Du Dir einen geeigneten Übergang. Das kann beispielsweise ein Astloch, eine Wurzelhöhle, ein Baumportal oder ein See sein. Ein mir bekannter Druide verwendet sogar eine Wolke, in die er in Gedanken einfliegt...

Wichtig sind dazu drei Sachen: Erstens solltest Du Deine Ruhe haben. Geh also raus in die Natur, wenn Du daheim keine Ruhe findest. Zweitens funktioniert das Ganze umso besser, je genauer Du das Portal kennst. Suche in der Natur solche Portale und präge sie Dir genau ein. Form, Farbe, Duft, Oberflächenbeschaffenheit, Material, einfach alles. Drittens solltest Du Deine Gedanken vor dem Eintritt ins Portal beruhigen. Dazu ist es zunächst notwendig, die Macht über die eigenen Gedanken zu erlangen. - Also einen klaren Kopf zu kriegen. Meditiere dazu, wie oben beschrieben.

Wie man die eigenen Gedanken leert und Ruhe in Kopf, Herz und Hand einkehren lässt, findest Du ausserdem auf Druidenwissen.ch unter "Siebenstern zur Erleuchtung", oder bei den eben dort angebotenen "Baumwanderungen". Falls Du Drogen wie Alkohol, Tabak, Koffein oder anderes intus hast, versuch's gar nicht erst! - Du würdest nur schon im Übergang scheitern.

Übergang

Sind die Gedanken einigermassen beruhigt, schliesst Du die Augen und begibst Dich in Gedanken zu Deinem gewählten Portal. Geh in Gedanken einfach hindurch und schreite voran, egal was Dich erwartet. Das kann eine Treppe, ein Boot oder sonst was sein.

Lass Dich durch die Dunkelheit nicht abschrecken, sondern geh einfach weiter voran, bis Du zum Ende des Übergangs kommst.

An dessen Ende befindet sich meistens eine Türe, ein Anlegeplatz oder ein Landeplatz. Klopfe an, und dir wird aufgetan. Falls Dich jemand fragt, wer klopft, so antworte "ein Suchender". Aufgetan wird Dir so oder so nur, wenn Du es ehrlich meinst.

Ankommen im Inneren Königreich - und weiter

Sobald Du, auf welche Art auch immer in Deinem inneren Königreich angekommen bist, wirst Du feststellen, dass es keinesfalls leer ist. Im Gegenteil, Deine innere Seelenlandschaft ist bevölkert mit Dingen und Wesen, die Teilen von Dir selbst auf geheimnisvolle Art und Weise entsprechen. Einerseits sind es Teile von Dir, andererseits haben sie ein oft kurioses meist verspieltes Eigenleben. Bevor wir uns aber den Wesen zuwenden, schauen wir uns doch die Landschaft an:

Angekommen im tiefen inneren Refugium Deiner selbst, wirst Du es sicher Deinen Vorstellungen gemäss ausstatten wollen? Vielleicht eine friedliche Meditationshütte, ein reinigender Wasserfall? Oder doch lieber eine einsame Bucht mit weissem Sandstrand unter Palmen? – Warum nicht alles zusammen? Du kannst Dein inneres Königreich, von der kristallklaren Bergspitze bis zum romantischen Brunnen (mit oder ohne Frosch) vollkommen frei gestalten. – Bei Deiner nächsten Rückkehr wird sich einiges durch die Eindrücke der Realwelt verändert haben, doch Du kannst es jedes Mal aufs Neue frei gestalten, bis es in Dir von Mal zu Mal eine immer deutlichere Gestalt annimmt.

Jegliche Zerstörungen oder Disharmonien in Deiner Seelenlandschaft kannst Du heilen, indem Du Dein eigenes Königreich fortlaufend pflegst.[17] Dabei bist Du nicht allein: Aus allen möglichen Welten werden Dir früher oder später Totems, Seelentiere, Engel, Elfen, Boddhisattvas, Weise und mit sehr viel Glück sogar Meister des Wyrd, die Hüter des alten Weges beistehen.

Damit diese Dich besuchen können, solltest Du ihnen freundlicherweise Türen in Dein inneres Königreich aufmachen. Ohne Deinen freien Willen ist es ihnen nämlich nicht möglich, Dir zu helfen. Diese Helfer kommen übrigens nicht uneingeladen und schon gar nicht "einfach so" Um ein Geistwesen einzuladen ist es meist notwendig, sich in dessen Heimatwelt zu begeben und dort mit ihm zu sprechen. Die meisten Geistwesen der Oberwelten werden Dir gerne helfen. In den Unterwelten ist zwar Vorsicht geboten, aber wenn die Kollegen dich mögen und von Deinen lauteren Absichten überzeugt sind, kann Dir auch ein Elementar oder gar ein furchterregendes Wesen helfen. Manche Drachen beispielsweise sind durchaus gutmütig, sofern man sie respektiert. Viele dieser Wesen kennen unsere, die aus ihrer Sicht untere der beiden Prüfungswelten, ihre Bewohner und ihre Versuchungen sehr genau. Also versuche gar nicht erst sie zu täuschen![18]

17　　Für die, welche es nicht gemerkt haben: Das ist der wichtigste Satz im Buch ☺
18　　Sie zur Hilfe zwingen zu wollen ist Hexerkram und rächt sich übler als ein Kleinkredit! – 1000% Zins garantiert!

Die alten Druiden, die alten Norse und die Schamanen benutzen den Weltenbaum im inneren Königreich, um auf seinen Ästen in die oberen Reiche zu klettern und den Brunnen zu seinem Fusse, um in die niederen Reiche zu gelangen. Du kannst diese Weltentore ebenso wie alles andere in Deinem Königreich nach Belieben erschaffen, durch sie reisen und sie auch ebenso schliessen beziehungsweise zum Verschwinden bringen.

Vom fliegenden Teppich, zur einfachen Türe, bis hin zum SciFiGateway ist alles möglich. Bevor Du allerdings in beliebiger Gestalt die anderen Welten bereist, reinige Dich vom emotionalen Schmutz des Alltags.

Die Norse pflegten das in der Gluthitze einer Sauna oder gar des Feuers zu tun. Druiden baden gerne in einem See, einer Quelle oder einem Wasserfall. Die Ältesten pflegen sogar im inneren Königreich ausgiebig zu meditieren, bevor sie sich, allein durch Geisteskraft auf Reisen begeben. Vielleicht kommen daher die Gerüchte von fliegenden Gurus und Lamas...

Sollte Dir auf Deinen Reisen in anderen Welten etwas zustossen, so erwachst Du entweder in Deinem inneren Königreich oder direkt in der Realität. – Unverletzt, aber um eine Erfahrung reicher! Wie klar Du die anderen Welten wahrnehmen kannst, hängt allein von Deiner Vorstellungskraft und Deinem Wissen über die jeweilige Welt ab. Ein Christ wird wahrscheinlich einfacher Zugang zu Heiligen und Engeln bekommen als ein Atheist.

Aufbau innerer Welten – Ein Reiseführer

Um die inneren Welten zu bereisen, mag es nützlich sein, einen Blick auf die verschiedenen äusseren Kosmologien, also den Zusammenhang zwischen diesseitigen und jenseitigen Welten, so wie sie durch Angehörige der verschiedenen Denk- und Glaubensrichtungen in innerer Schau erfahren und fortan gelehrt werden, zu werfen. Bitte beachte dabei, dass es nur wenig bis keinen Sinn macht, ein für Dich komplett fremdes System zu bereisen, da die dir zur Verfügung stehenden Kenntnisse und Annahmen zu dürftig sind, um ein klares Bild zu gewinnen. Welten in innerer Schau zu bereisen funktioniert je besser Dir die entsprechenden Kosmologien bekannt sind. Für einen Indianer wird es wohl schwierig sein, mit Odin zu reden, Wakan Tanka oder der grosse Geist ist für ihn um vieles einfacher erreichbar. Es geht ja auch darum, Dein inneres Königreich zu entdecken, nicht irgendeine Kosmologie nachzuempfinden. Grundsätzlich sind Deine inneren Welten so individuell, wie Dein Fingerabdruck. Deshalb sind die folgenden Kurzportraits nur zur Orientierungshilfe und als Inspiration gedacht. Es würde ausserdem den Rahmen dieses Buches sprengen, alle hier in Kürzestform vorgestellten Systeme abschliessend zu behandeln. Wenn es Dich auf Deinen inneren Reisen an einen Dir unbekannten Ort verschlägt, so hast Du aber zumindest einen ersten Anhaltspunkt. Wenn Du Dein inneres Königreich bereist, so kann dessen Grösse äusserst unterschiedlich sein, und von Mal zu Mal variieren. Das innere Königreich ist, was man daraus macht. Gleichzeitig Widerspiegelung des eigenen Zustandes von Körper, Geist und Seele und herrschaftsfreie Realität jedes Einzelnen. Vom eigenen kleinen inneren Garten bis hin zum inneren Universum ist alles möglich, denn die Anderswelt ist nicht stofflich gebunden, so wie die unsere. Aber allen inneren Welten sind meistens gewisse Merkmale gemeinsam: Sie widerspiegeln unser Innerstes selbst. In ihrem Zentrum, ihrer Achse befindet sich eine Säule, ein Baum oder ein Brunnen. Oft sind sie in mehrere Ebenen gegliedert, deren eine unsere Realität ist, welche sich oft in der Mitte zwischen oben und unten materialisiert. Sie beinhalten meist einen Hofstaat, ein Planetensystem oder Wesen, welche unsere einzelnen Organe, deren dazugehörige Befindlichkeiten und Zustände widerspiegeln.

Gehen wir in der Folge auf drei dieser Modelle genauer ein, das nordische und keltische Modell der Spindel, den inneren Garten und das innere Universum.

Das nordische Spindelmodell

Die Männer hatten ihren Weltenbaum bei den Nordmännern und die Teilung in Diesseits und Jenseits bei den Kelten. Dabei wird oft übersehen, dass es in beiden Kulturen auch einen uralten, weiblichen Weg gab. Was machten nordische und keltische Frauen denn tagein tagaus? – Richtig: Wolle, Flachs, Hanf und andere Fasern zu Garn verspinnen, um daraus Stoffe zu weben. Vor Erfindung des Spinnrads nahmen sie dazu die Handspindel zu Hilfe. Eine Handspindel besteht aus einem Stab, dessen eines Ende durch eine Scheibe gesteckt ist, und am anderen Ende einen Haken hat. Wenn man die Spindel mit dem Haken an etwas lose Fasern hängt und mit den Fingern in Rotation versetzt, so drehen sich die Fasern zu einem Faden. Sobald der Faden genug verdreht ist, wird er vom Haken genommen, um den Spindelschaft gedreht, weitere Fasern aus dem Bündel gezupft und wieder eingehängt. So entsteht aus einem Faserbündel ein Garn, welches man zum Weben benutzen kann. Frigg trägt stets eine solche Spindel und auch Frau Holle benutzt sie. Die Nornen teilen sich die Arbeit an der Spindel. Genug also um sich die Spindel genauer anzuschauen:

Die Kelten, Germanen und Norse gingen vom Begriff des Schicksals als ungeordnete Wolke von Möglichkeiten aus. Ähnlich der Fasern, welche eine Spinnerin aus dem Spinnrocken zupft sind einige dieser Möglichkeiten wahrscheinlicher, scheinen gar vorbestimmt. Wer beim Spinnen genau hinschaut, kann schliesslich auch vorhersagen, welche Fasern wohl beim nächsten Zupfen Teil des Fadens werden. Das Drehen der Spindel selbst kann mit dem immer wiederkehrenden Jahres- oder Tageslauf eines Menschen verglichen werden. Scheinbar nur immer dumm im Kreis herum, verändert sich unser Leben doch, teils unmerklich, teils dramatisch in Zyklen. Ist unsere Spindel dann mit dem silbernen Lebensfaden gefüllt, wird der Faden abgeschnitten und auf eine Haspel gewickelt. – Oder der Lebensfaden reisst vorzeitig. In beiden Fällen ist dieses Leben dann zu Ende.

Deshalb wurde die letzte Norne, welche den Faden abschneidet auch so gefürchtet. Allerdings wird die volle Spindel vor dem Abspulen von Frigg oder Frau Holle genau betrachtet und gewürdigt. Wessen Spindel ordentlich gewickelt und voll fein gesponnenem Faden ist, der sei sich seines Lohns gewiss.

Aber die Spindel ist nicht nur Sinnbild des Lebens, sondern auch des gesamten Universums: Wenn man sich eine Galaxie ansieht, so stellt man fest, dass auch sie sich wie eine grosse Scheibe um eine Mittelachse dreht. – Und dabei genau wie eine riesige Spindel aussieht. Ob das unsere Ahnenmütter wussten, kann heute niemand mehr sagen. Aber dass sie die Achsen ihrer Spindel in sieben oder neun Ebenen einteilten, ist bekannt. Jede dieser Ebenen steht für ein bestimmtes Reich. Je reifer ein Leben wird, desto höher füllt sich seine Spindel und desto einfacher kann das Lebewesen sich mit seinem Lebensfaden auf Reise in die entsprechenden Ober- und Unterwelten begeben. Die Scheibe der Spindel als Sinnbild der verstofflichten Realität unterteilt dieselbe in ein Oben und Unten.

Die Oberseite der Spindelscheibe steht für unsere Welt, die wir anfassen und teilnehmen können, die Bühne unserer Taten. Genau in der Mitte wird sie vom Spindelschaft durchbrochen. Diese Mittelachse ist unser Weltenbaum, unsere Jakobsleiter oder das Zentrum unserer Seele. Um sie wickelt sich der Faden unseres Lebens auf. Das kann ganz hoch rauf oder ganz tief runter gehen. - Spindelförmig eben. Wickelt sich der Faden zu schnell nach oben, ohne zuvor Substanz um die Scheibe herum gebildet zu haben, so gerät die Spindel leicht in Unwucht und beginnt zu taumeln. Je mehr Substanz das Lebewesen selbst hat, desto kleiner die Gefahr der Unwucht.

Unterhalb der Scheibe, welche meist aus Stein oder schwerem Holz war, ragt ein Teil des Spindelschafts nach unten. Dort sollte man ebenfalls nicht zu viel Faden aufwickeln, sonst gleitet er ab, und das Werk ist verdorben.

Die Ebenen der Spindel sind in verschiedenen Überlieferungen unterschiedlich, doch scheint die Anordnung ungefähr wie folgt: Zuoberst, beim Haken ist das Mysterium der ewigen Urmutter, Spenderin und Spinnerin des Lebens und des Schicksals. Durch ihrer Hände Werk wird unser Leben und zu Ihr kehrt am Ende alles zurück.

Direkt darunter ist die Ebene der Götter und Göttinnen. Darunter, auf der zweiten Ebene befindet sich das Reich der hilfreichen Licht- und Luftwesen. Auf der dritten Ebene befindet sich das Reich der heilkräftigen Pflanzenwesen. Die vierte Ebene ist unsere Realwelt, so wie wir sie wahrnehmen. Auf der fünften Ebene ist die Ebene des Bodens, der Steine, die sechste Ebene ist die Ebene der Unterwelt, der Nacht und der Dunkelheit, aber auch der tiefen Geheimnisse. Die siebte, unterste Scheibe schliesslich ist den tiefsten weiblichen Mysterien geweiht. Dort sind Wesen, die das Wissen um mächtige Medizin und tödliche Gifte hüten. Dorthin geht man nur in grosser Not oder aus grosser Dummheit. Wer jedoch sein Lebtag fleissig und ordentlich spinnt, hat auf keiner der Ebenen etwas zu fürchten, wie uns viele Märchen aufs Neue beweisen.

Der innere Garten

Als Spiegelbild des eigenen Wesens, so wie es sich uns selbst offenbart, kann der innere Garten alles sein: Vom sprichwörtlichen, rosendurchrankten verwunschenen Dornröschengarten, bis hin zum blühenden Paradies. Du kannst in einer von Licht durchfluteten Quellgrotte, einem wunderbaren geheimen Garten, im Mittelpunkt eines spannenden Labyrinths oder wo auch immer Du wünschst erwachen. Auch die Grösse ist vollkommen individuell. Grösser heisst hier absolut nicht besser, sondern ist einfach Spiegel der individuellen Selbstwahrnehmung. Vom kleinen Gärtchen bis zum inneren Königreich oder gar Universum ist alles möglich. Hatte ich schon erwähnt, dass die Erde in unserem Bewusstsein und auch unser inneres Königreich die Form einer Scheibe hat? – Kein Witz!

Was ein normales Lebewesen in einem Augenblick von einer Realität wahrnehmen kann, hat die Form einer Scheibe. Schau Dich ruhig mal um.[19]

---

[19] Dann wirst Du auch verstehen, warum Fernsehen so gefährlich ist. Es zwingt uns andere Realitäten und deren möglichst emotionale Themen auf.

Die innere Mitte als Weltenachse

Wenn Du in Dein inneres Königreich gehst, so suche unbedingt als erstes die Mitte. Das kann ein Zentralbaum, ein Brunnen, eine Säule oder ein Berg sein. Diese Mitte entspricht übrigens der Mittelachse im vorher besprochenen Spindelmodell an der sich die verschiedenen Welten, Himmel, irdische Existenz und Höllen ausrichten. Es ist buchstäblich Deine eigene Mitte. Entlang dieser Achse kannst Du auf- oder absteigen, um andere Ebenen zu bereisen. Studiere, säubere und stärke Deine innere Mitte sorgfältig, denn sie ist Dein Rettungsanker und deine Stütze in allen Stürmen des Lebens!

Der innere Quell des Lebens

Falls Deine innere Mitte sich in Form eines Brunnens zeigt – bist Du wahrscheinlich eine Frau, ein Kind oder ein sehr hellsichtiger Mann, denn der Brunnen mit seiner Öffnung steht für die weibliche Seite. Männer sehen oft einen Turm, eine Säule oder einen Baum.

In vielen Märchen spielt der Brunnen eine tragende Rolle. Sicher am bekanntesten ist der Froschkönig: Die Prinzessin verliert ihre Unschuld in Form einer Kugel im Brunnen und erst durch Überwindung von Vorurteilen und Abgrenzung erlangt sie die Rolle als Königin. Schau Dir Deine Innere Mitte auf jeden Fall genau an. Doch sei vorsichtig: Manchmal wird sie zuerst von einem Hüter bewacht. Betrachte das Wasser genau: Ist es klar oder trüb, blau oder andersfarbig? Entsteigt dem Brunnen eine Fontäne oder ist es ein tiefer Sodbrunnen? Egal wie sich Deine innere Mitte darstellt: Untersuche sie genau und versuche sie Dir so genau wie möglich vorzustellen.

Die magische Quelle ist Ort von Reinigung und ewiger Jugend. Mit Hilfe ihrer Wässer wird alles Leben erhalten und geheilt. In der nordischen Mythologie sind es die weisen Nornen, welche den Brunnen der Seelen hüten. Seine Mittelachse ist gleichzeitig der Schaft ihrer Spindel. An ihm klettern die ungeborenen Seelen empor, bis sie in dieser unserer Welt geboren werden.

Mit Gesang und Musik kannst Du die Wässer Deiner eigenen inneren Quelle zum Tanzen bringen. In ihrem Wasser kannst Du Dich stets aufs Neue regenerieren.

Baum des Lebens

Zeigt sich Deine innere Mitte in Form eines Baumes, so bist Du entweder ein Mann, eine "bäumige" Frau oder ein Kind.

Der Baum des Lebens war nicht nur bei den Druiden bekannt, sondern in nahezu allen bekannten Religionen so im alten Ägypten, Armenien, Assyrien, bei den Bahai, in China, bei den Germanen, in der nordischen Mythologie, bei den Juden, im Christentum bei den Neochristen, in Indien, Mittelamerika und vielen anderen Kulturen. An seinem Fusse befindet sich oft eine mythische Quelle, Ort grosser Weisheit, an oder durch den man in die Unterwelt gelangen kann. Der Baum des Lebens ist fest mit der Erde verwurzelt und seine Krone reicht bis in den Himmel. Auf ihm kann man in alle Reiche und Elementarwelten reisen. Manchmal erscheint er als leuchtende Irminsul, so wie bei den Germanen. Bei den Norse ist er unter Yggdrasil bekannt. Ob es sich dabei um eine Esche, Eiche, Birke oder sonst einen Baum handelt, ist eine persönliche Sache. Manche Frauen und sibirische Schamanen bevorzugen die Birke. Wieder andere Frauen fühlen sich zu Holunder oder Tanne sowie Buche hingezogen. Schlussendlich ist es aber Deine innere Mitte und somit auch Dein Baum. Wenn Du mehr über Bäume wissen willst, so lies Band 1 "Sprechen mit Bäumen", erschienen in dieser Reihe.

Die Himmelsleiter

Egal ob Baum oder Brunnen: Eventuell entsteigt Deiner Mitte eine Fontäne oder eine kaum sichtbare Energiesäule erstreckt sich bis weit in den Himmel. Oder der Brunnen ist eher eine Quelle mit glatter Oberfläche. Dann kannst Du Deine Gedanken im Spiegel ihres Wassers auf weite Reisen schicken. Bäume hingegen pflegen sich oft durch ein Rascheln ihrer Blätter kund zu tun. Brunnen oder Baum sind damit wie zuvor die Spindel zur Himmelsleiter geworden entlang der Du reisen kannst. Es ist dies in gewissem Sinne auch die Jakobsleiter oder der mythische Weltenbaum der Mesoamerikaner, entlang dem sich die Seelen kreisend auf oder ab bewegen. Je nach jeweiliger Anziehung steigen sie nach oben ins Licht oder sinken ins Dunkel.

Erinnere Dich ans Spindelmodell: Wer seinen Silberfaden zu schnell nach oben oder unten wickelt, dem gerät leicht die Achse durcheinander. Deshalb ist es zwingend notwendig dass Du, je weiter Du in ihm zu anderen Welten auf oder abzusteigen gedenkst, zunächst Deine eigene Ebene und damit Dein eigenes Leben in Ordnung bringst. Glücklicherweise hat jedes Lebewesen dabei Helfer, die ihm bei dieser Aufgabe beistehen. Mehr dazu ab Seite 78. Meist findest Du bei Deiner inneren Mitte einen Weisen, ein Tier oder ein Fabelwesen, welches Dir vor allem zuhört, Dich versteht und Dir hilfreiche Tipps geben kann. So lange Du lebst, hast Du immer einen solchen Helfer zur Seite. Ihn zu finden ist das Ziel vieler Initiationsriten.

Kosmische Welten im Spiegel verschiedener Kulturen

Von jeher wollten die Menschen wissen, woher sie kamen und wohin sie gingen. Deshalb wurden in den verschiedensten Kulturen zusätzliche Modelle und Systeme geschaffen, um den Menschen Sicherheit und Halt in einem oft unvorhersehbaren Lebensweg zu geben. Die dabei entstandenen Gliederungen entsprechen sich oft in einem erstaunlichen Mass.

Allgemeines Christentum

Das volksnahe christliche Weltbild ist geprägt durch die Dreiteilung in Himmel, Erde und Hölle. Zeitweise kam zwecks Geldbeschaffung im Katholizismus noch das Fegefeuer dazu. Nach Reformation und Gegenreformation geht das Christentum nun vom gütigen, dreieinigen Herrn und der dreifachen Maria im Himmel aus, die zusammen mit einer Schar Engel und in den Himmel entrückten Menschenseelen, sogenannten Heiligen, über das Schicksal der Menschen wachen und ihnen helfen. Demgegenüber versuchen und prüfen die höllischen Dämonen und Teufel unter der Herrschaft Satans mit Erlaubnis Gottes die Menschen und versuchen sie in ihr Reich zu ziehen.

Christliche Mystik

Die christliche Mystik wurde von Anfang an so unterschiedlich interpretiert, dass es wie in jeder Weltreligion laufend zu Abspaltungen, Veränderungen und Beeinflussungen von Vorgängerkulturen kam. Dante Alighieri, der sowohl von griechischen, islamischen, als auch den Ideen eines sehr kirchenkritischen, stark alchemistisch geprägten Galilei beeinflusst wurde, war es vergönnt, die christliche, mittelalterliche Kosmologie in Extase zu schauen.
Er differenziert das Jenseits in die drei Ebenen Himmel, Fegefeuer und Hölle. Alle umfassen je neun hierarchisch geordnete Bereiche, die im Himmel verschiedenen Verdiensten und Tugenden, im Fegefeuer neun Unterlassungen und in der Hölle neun Sünden entsprechen. Die zehnte, oberste Sphäre des Himmels ist für Gott, die zehnte unterste Ebene der Hölle für Satan reserviert.
So hat Dante unwillkürlich eine Triskele aus positiven, negativen und indifferenten Polen erschaffen.

Auch Gott selbst erscheint bei ihm als Dreiheit, allerdings in einer Form über die er nicht zu schreiben wagt. Er bildet den einen Gott in seiner Gesamtheit, wie vor ihm die Ägypter, Essener, Altgriechen und Druiden als "zentrale, allumfassende Flamme der Liebe" ab. Die Sphären und Ebenen sind in ihrer Abfolge: Himmelssphäre: göttliche Ebene, die Ebene der unbefleckten Engel, sodann die Ebene der von allen Sünden gereinigten Seelen. Die folgenden vierte bis siebte Ebenen der Kardinalstugenden sind die Ebenen der Besonnenheit, Standhaftigkeit, Gerechtigkeit und Mässigung. Darauf folgen die achte bis zehnte Ebenen der Glaubenstugenden: Liebe, Hoffnung und Vertrauen.

Unterhalb der Himmelssphären erstrecken sich die zehn Sphären des Fegefeuers: Zuoberst der Garten Eden für alle, die ihre Zeit im Fegefeuer verbüsst haben. Darunter, je nach sündhaftem Motiv die sieben Ebenen von Lust, Faulheit, Gier, Nachlässigkeit, Zorn und Hass, Neid und Stolz. Die neunte und zehnte Ebene der Exkommunizierten und erst im Angesichte des Todes Bekehrten bezeichnet Dante als Vorhöllen.

Unter dem Fegefeuer erstrecken sich die zehn höllischen Ebenen in welche die Sünder entsprechend ihrer sündigen Taten gelangen. Es sind dies die fünf oberen Höllen, Limbo für spirituelle Ignoranz, die Ebene der Lüstlinge, Faulpelze, Gierigen und Habsüchtigen, sowie die Ebene der Hasserfüllten. Die fünf unteren Höllen sind für die Häretiker, die den Willen Gottes verfälschen (Darin befinden sich laut Dante eine Menge katholische Würdenträger), die Gewalttätigen (eine Menge weltliche Kaiser und Könige finden sich hier), die Betrüger sowie zuunterst die Verräter. Die unterste, zehnte Höllenebene ist für Satan allein reserviert.

Das moderne mystische Christentum erkennt die Seelen und alles Seiende als göttlich. Um nicht selbst in Zweifel zu geraten und seine Schöpfung zu perfektionieren, gestattet Gott Teilen seiner selbst in Form von Seelen von ihm abzutropfen und in der Welt so viele Leben in Folge zu durchlaufen, bis der Zweifel oder die Frage ausgeräumt ist, und die Seele endgültig das letzte Mal ins Haus Gottes zurückkehrt wieder eins mit Gott wird. Das gilt für alle Seelen, auch wenn sie sich in der unteren Hälfte befinden und stärker dem Dunkel zustreben. Schlussendlich ist auch Satan eine Seele auf dem Weg. Seelen sind weder verkäuflich noch sterblich.

Islam

☪ Im Islam existiert die Erde, als mit den fünf Sinnen wahrnehmbar, darunter die Hölle, darüber die Sphären der Engel, die sieben Himmel und zuoberst die göttliche Sphäre in der Allah alleine thront.

Nach dem Leben folgt entweder Himmel oder Hölle. Insbesondere die religiöse Bewegung der Sufis betont jedoch, das auch zu Lebzeiten die Vereinigung des Menschen mit dem göttlichen, durch die Überwindung der Dualität, kraft Liebe und Hingabe jederzeit möglich sei. Dies erreichen sie durch das Nichtbegehen von Sünden, das Reinigen von Versuchungen und Charakterschwächen und die Verbesserungen durch Tugenden und Charakterstärkung. Daraus resultiert, dass sich Sufis nicht um Macht, Geld oder andere weltliche Güter kümmern.

Zur Horizontausweitung tauschen sich Sufis gern mit buddhistischen und hinduistischen Mystikern aus. Auch mit Juden und Christen verstehen sich Sufis meist gut.

Judentum

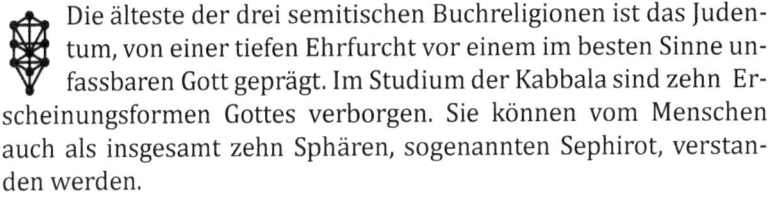
Die älteste der drei semitischen Buchreligionen ist das Judentum, von einer tiefen Ehrfurcht vor einem im besten Sinne unfassbaren Gott geprägt. Im Studium der Kabbala sind zehn Erscheinungsformen Gottes verborgen. Sie können vom Menschen auch als insgesamt zehn Sphären, sogenannten Sephirot, verstanden werden.

Diese zehn Sphären sind in Form eines umgekehrten, entwurzelten(!) Weltenbaums angeordnet und untereinander in einem Muster aus vier aufeinanderfolgenden Schöpfungsstufen in Form von Dreiecken verbunden. Jeweils die oberen 6 Punkte und die mittleren 6 Punkte können verbunden wie zwei Hexagramme gesehen werden, das alte Symbol von einer Seite, welche gen Himmel (das Gute) strebt und eine, die gegen das Böse strebt. Als symmetrisches Hexagramm stehen beide Triebe wieder in Harmonie zusammen. Der Ausgleich der Sephirot, damit das Innen wie das Aussen und das Oben wie das Unten in Harmonie steht, ist eines der Geheimnisse der Kabbala. Man muß es nur für sich selbst entdecken.

Unter den kabbalistischen Gelehrten besteht eine gewisse Uneinigkeit über Namen, Zuordnung, Anordnung und Ausrichtung der Sephirot, dennoch macht das nichts. Denn die Kabbala lebt von der Auslegung durch die verschiedenen Gelehrten. Bei so viel Interpretationsspielraum ist es auch kein Wunder, dass viele neue esoterische Richtungen und Sekten den kabbalistischen Weltenbaum heftig kopieren.

Kurzum es herrscht ein Verwirrspiel, eine Kabale um vorne und hinten, oben und unten. Dennoch oder gerade deswegen kann die Kabbala sicher als Vehikel zur Vervollkommnung des mündigen, selbstverantwortungsvollen Menschen und seines Geistes, seiner Seele, dienen.

Buddhismus

Wie alle anderen grossen Weltreligionen hat sich der Buddhismus seit seinem Erscheinen im Verlaufe der Zeit und regional in verschiedenste Richtungen ausdifferenziert. Die gemeinsame Standardkosmologie des Buddhismus gibt es genau so wenig, wie den Standardbuddhismus. Wie alle grossen Weltreligionen hat der Buddhismus Konzepte von Nachbarreligionen aufgenommen und diese beeinflusst (vgl. z.B. Hinduismus, Jainismus).

Allgemein differenziert der Buddhismus verschiedene, übereinander geschichtete Weltenebenen. Diese gliedern sich wiederum in unterschiedlich viele Planetensysteme und Welten. Dabei werden sowohl Kosmos als auch Ebenen und Welten als im steten Wandel aus Schöpfung, Ausdifferenzierung, Wandel und Verschmelzung oder Niedergang begriffen. Das Rad der Zeit ist denn auch wie im Keltentum ein wichtiges Symbol des Buddhismus.

An der Spitze befindet sich die formlose oder feinstoffliche Ebene, bewohnt von den transzendenten, formlosen Wesen, welche sich von den verschiedenen Wahrnehmungsarten der stofflichen Illusion befreit haben. Darunter folgt die materielle Ebene der Formen. Sie gliedert sich in fünf übereinander gelagerte Unterebenen, welche je nach Verdiensten von geistig und karmisch verschieden weit entwickelten Wesen bewohnt werden.

Unter der materiellen folgt die Ebene des Verlangens oder der Versuchung. Sie gliedert sich in vier Unterebenen: Himmel, Sumeru, die Erde, und die beiden Höllenebenen. Diese sind für normale Meditierende am einfachsten, wenn auch nicht einfach so zu bereisen. Im buddhistischen, ebenfalls in verschiedene Ebenen gegliederten Himmel befinden sich die Devas, mächtige, meist sehr liebevolle Wesen, welche über die unteren Ebenen des Verlangens wachen und als Schöpfer tätig sind. Eine Spezialstellung nimmt die darunter folgende Ebene des mystischen Berges Sumeru ein: Er gilt als hoher Berg im Mittelpunkt dieser, unserer Erde, bewohnt von Devas, Königen, Goblins, Feen und Drachen, sowie den bösartigen Asura am Fusse, die dauernd versuchen diesen Berg zurückzuerobern.

Unsere irdische Welt selbst gliedert sich horizontal in mehrere Weltregionen, sowie in die Reiche von Menschen, Tieren und den hungrigen Geistern. Unter der irdischen folgen je acht heisse und kalte Ebenen der Hölle.

Die Lebensspanne der Wesen dauert in diesen, je tiefer, exponentiell länger. Menschliche Seelen werden nach buddhistischer Sicht je nach karmischer Schuld oder Verdiensten in diesen Welten wieder geboren, bis sie die stoffliche Welt endgültig verlassen um eine der oberen Ebenen oder die Buddhanatur zu erreichen. Um dies innert einer oder weniger Lebensspannen zu vollbringen, haben die Buddhisten mehrere Wege, sogenannte "Fahrzeuge" ersonnen.

Hinduismus

Den Hinduismus im Sinne einer Einheitsreligion gibt es nicht. Hinduismus ist je nach Region und Epoche, auch was die Kosmologie betrifft, sehr unterschiedlich ausgeprägt. Allen Arten Hinduismus gemeinsam ist aber, dass der derzeitige Kosmos durch Brahma in seinem Traum erschaffen wurde. Es gibt mehrere solche Welten welche zusammen mit ihrem Weltenschöpfer Brahma in unendlich langen Zeitspannen vergänglich sind. Zeit und Raum sind gemäss der Hinduphilosophie Illusionen. Des Weiteren nehmen sie an, dass jegliches Handeln Schuld oder Verdienst hervorruft, die sich über verschiedene Inkarnationen einer Seele erstrecken.

Die Hinduphilosophie geht von kreisförmigen harmonischen Schöpfungs und Zerstörungszyklen so genannten Jugas aus. Wir befinden uns im derzeitigen Eisenzeitalter, welches offenbar ungefähr 3100 v. Chr. begonnen hat.

Da Zeit und Raum eine Illusion (Maya) sind, existieren sämtliche Universen nebeneinander, durcheinander und ineinander jederzeit. Der Hinduismus beschreibt dies als Multiversum. Verschiedene Ausrichtungen des Hinduismus gewichten je nach Leitgottheit andere Erscheinungsformen der Welten unterschiedlich (vgl. hinduistische Wesen S. 113f) Die Hindus gehen davon aus, dass jeder Mensch in seinem Traum oder in der Meditation auch zu einer Art Brahma, also einem Weltenschöpfer werden kann, beziehungsweise sich seiner Rolle und Verantwortung als Weltenschöpfer erst bewusst wird. Das drücken sie mit dem Satz "Brahman is Ataman"[20] aus.

---

20   In etwa: „Jedes Bewusstsein ist göttlich."

Jainismus

Die Jain gehen wie die Hindus davon aus, dass Universen zyklisch wachsen und wieder vergehen. Sie unterteilen die Materie der Universen in belebte und unbelebte Substanz, sowie Raum und Zeit. Die Jain unterscheiden den Himmel, der von den Göttern bewohnt wird, unsere Realität, die von Menschen, Tieren und Pflanzen bewohnt ist und die höllischen Regionen.

Die obere Welt oder den Himmel unterteilen sie in drei Ebenen, die wiederum je in fünf, neun und zwölf Regionen unterteilt sind. Unsere Welt nennen sie Mitterde oder die mittlere Welt. Diese unterteilen sie in den Himmel, die Oberfläche und den Untergrund. Die Oberfläche wird von Tieren, Grünpflanzen und Menschen bewohnt, der Himmel von göttlichen Wesen und die Unterwelt von sogenannt niederen Wesen.

Unter Mitterde befindet sich die Unterwelt, welche aus sieben verschiedenen Höllen besteht. Die bildliche Anordnung all dieser verschiedenen Welten ergibt nach ihrer Philosophie die Form eines Menschen. Und jeder Mensch beinhaltet in sich das Universum. So ist alles miteinander verbunden. Jegliches von uns verursachtes Leiden kehrt gemäss den Gesetzen des Karmas zu uns zurück. Deshalb sind die Jain extrem friedlich zu jeder Art von Leben.

Shintoismus

Auch in der alten Religion Japans, dem Shinto wird die Existenz eines Himmels und einer Hölle und der Erde dazwischen angenommen. Dazu kommt der Untermeerespalast von Ryujin, eines Drachen, vergleichbar der Nereiden und Neptun. Die japanische Shinto Kosmologie ist sehr eng mit dem Konzept verschieden grosser oder mächtiger Schutz- Elementar- oder Ortsgeister, sogenannter Kamis verknüpft.

Ein Kami kann stärker oder schwächer werden, je nach Element oder Glaube der Menschen an den Kami. Einzelne Kamis sind an Elementarkräfte gebunden, andere an den Glauben der Menschen in sie. Kamis können hilfreich oder auch sehr bedrohlich sein. Jedes Ding, vom altehrwürdigen Tempel bis zum Handy oder Auto hat ein eigenes Kami.

Sämtliche Kamis leben in der elementaren Wahrnehmungsebene Takahakmara. Diese ist mit der Regenbogenbrücke mit der Welt verbunden. Die Kamis können unsere Welt also frei betreten oder verlassen. Das Shinto geht davon aus, dass diese Ein- und Austrittspunkte in unsere Welt sich an einem besonders geheiligten Platz, einem Shintoschrein befinden.

Das Reich der Toten ist weder Himmel noch Hölle, sondern einfach eine schattenähnliche Existenz der Wesen, die einst auf dieser Welt gewandelt sind. Diese Ahnenwesen sind nach wie vor vorhanden und können auch verehrt werden.

Daoismus

Solange alles rund läuft, gibt es für Daoisten keinen Grund, etwas zu tun, denn "Die Wege der Menschen sind durch die Wege des Himmels und die des Himmels durch das Dao bestimmt." Die Dualität sehen Daoisten nicht als Gegensatz, sondern als sich gegenseitig bedingendes Paar. Zeiten des Wandels wechseln mit Zeiten der Ruhe, männliches und weibliches Prinzip bedingen und befruchten sich gegenseitig, anstatt sich zu bekriegen. Daraus folgt, das ein Leben in Einklang und in Harmonie mit den Wegen des Dao reibungslos und erfüllend ist. Das gilt für alle Menschen, unbesehen von Rang und Macht, im Inneren wie im Äusseren. Wer dies meistert, kann die Ebene des Weltlichen schon zu Lebzeiten hinter sich lassen.

Im Volksdaoismus steigen solche Wesen in die himmlische Ebene auf und können von Sterblichen in Zeiten der Not angerufen werden. Anhängern des ursprünglichen Daoismus ist das allerdings egal. Ihr höchstes Ziel ist innere und äussere Kultivierung in Einklang mit den unverrückbaren Gegebenheiten der Realwelt. Dazu studieren sie die universalen Gesetze des Lebens und nutzen den Weg der inneren Alchemie ebenso wie TaiChi und QiGong, um im inneren wie äusseren Universum Tugenden wie Güte, Tugend und Genügsamkeit zu entwickeln und lange gesund zu leben.

Nordamerikanische Indianer

Vor der Invasion durch Engländer, Holländer, Spanier und Franzosen lebten über vierzig verschiedene, teils hoch entwickelte Völker in Nordamerika. Sie zogen beileibe nicht nur, wie die Plainsindianer in Zelten umher, sondern bauten teilweise Häuser und Dörfer. Ihre Vorstellung vom Aufbau der Welt unterschied sich von den Inuit (fälschlich Eskimo genannt) im hohen Norden bis zu den Pueblos und Hopi in Mexiko von der Westküste über die Plainsindianer bis zu den Ostküstenindianern ganz gewaltig. Ihnen allen ist aber ein tiefer Respekt und eine Dankbarkeit den Pflanzen- und Tiergeistern gegenüber zu eigen.

Viele Indianerkulturen sehen die sichtbare Welt und alle ihre Wesen als von Vater Sonne und Mutter Erde abstammend an. Die Mehrzahl der indianischen Kulturen geht zudem von einem animistisch schamanischen Weltbild aus. Demzufolge ist für sie, ähnlich wie bei den Kelten und Shintoisten jedes existierende Ding beseelt, hat sein Totem oder seinen Schutzgeist, den man anrufen kann.

Die meisten Indianischen Kulturen sind ausserordentlich stark mit ihrem Land verbunden, da sie zwischen dem Reich der Lebenden und dem Reich der Toten oft keine so scharfe Grenze sehen, wie der semitischrömisch geprägte Europäer. Deshalb ist es für sie wichtig, an heiligen Orten mit den Geistern ihrer Ahnen kommunizieren zu können. Diese Kommunikation kann bei Reisen in andere Welten, zum Beispiel in Form eines Vogels geschehen.

Den vier Himmelsrichtungen beziehungsweise Winden, dem Regen, den Wolken und den Tieren, sowie den Pflanzen sind ebenfalls starke Geistwesen zugeordnet. So sind die Büffelfrau, der Maismann Mondamin (bei den Hopi), der Kojote, die Spinnenfrau oder sogar der Moskito (bei den Pawnee) mächtige Wesen.

Ein in beinahe allen indianischen Kulturen auftauchender, mächtiger Geist ist die weisse Schlange, sei es in ihrer geflügelten Form oder in menschlicher Gestalt.

Es ist die gute weisse Schlange, Schwester der schwarzen Schlange, wie wir sie aus der Karlssage, den Nordischen Heilmysterien oder als Quetztalcoatl bei den mittelamerikanischen Kulturen finden. Solch starke Helferwesen, die Totems können den Einzelnen nach Bestehen extremer Prüfungen sogar ständig begleiten.

Einige Stämme kennen, wie die griechischen Mysterien ebenfalls die vergangenen goldenen und silbernen Zeitalter, sowie die Sintflut. Die vorsintflutlichen Wesen sind teilweise mächtige, noch heute existierende Götter oder besser "Geister". Gott selbst wird nicht als getrennt von seiner Schöpfung, sondern die Schöpfung, also alles Seiende ganz natürlich als Teil Gottes wahrgenommen.

Insbesondere in der Mystik der Hopi und Navajo wird in sieben, nacheinander existierende Welten oder Zeitalter unterschieden. Die ersten drei Zeitalter sind aufgrund verschiedener Verfehlungen derer Bewohner untergegangen und die jeweils Überlebenden mit Hilfe von Geistwesen in die nächste Welt aufgestiegen.
Heute befinden wir uns im vierten Zeitalter, dem Zeitalter der Gier, des Materiellen, welches laut vielen indianischen Prophezeihungen bald einem weiteren, besseren Zeitalter Platz machen wird. Und die Indianer haben Zeit.

Mittelamerikanische Hochkulturen

Jede der über ein Dutzend mesoamerikanischen Hochkulturen hatte ihre eigenen kosmologischen Ausprägungen und Besonderheiten. Die Kosmologien bauten zwar teilweise aufeinander auf, doch wie überall gibt es starke kulturelle und zeitliche Unterschiede. Es gab also "die" mittelamerikanische Kosmologie in diesem Sinne nicht. Aber es gab Gemeinsamkeiten.

Die vorkolumbianischen Hochkulturen Mittelamerikas nahmen allgemein die Existenz eines Weltenbaumes an, welcher in vier Himmelsrichtungen unterteilt wurde und als Weltenachse Himmel, Erde und Unterwelten miteinander verband.

Interessant ist, dass sich die meisten Kulturen Mittelamerikas offenbar die Seelen wie Vögel vorstellten, welche in einer kreisenden Bewegung entlang des Weltenbaumes auf oder absteigen können.

Eben so bemerkenswert ist der Gedanke der Maya, dass ein Gott nur durch den Glauben an ihn am Leben erhalten wird. Ihre Menschenopfer waren dann aber die Vorboten ihres Untergangs.

Die heutigen Hüter des Wissens, die Dons und Donnas sind wieder zu den friedlichen Wurzeln ihrer Gründerväter zurückgekehrt und bewahren viel Wissen über die kosmischen Gesetzmässigkeiten, sowie teils das Wesen der Aspekttiere, sogenannter Naguale und die damit zusammenhängenden Versprechen und Verhaltensweisen, um mit ihnen zwischen den verschiedenen Ebenen des Weltenbaums zu reisen.

Klassisch gallohibernisches Keltentum

Was die Neuromantiker, Linguisten und Historiker für "keltische" Weltmodelle erfunden haben und laufend erfinden, geht auf keine Kuhhaut. Von den alten Druiden selbst erfahren wir nur mehr wenig.

Sicher ist aber, dass sie die ihnen wahrnehmbare Realität entlang zwei, in sich dreigeteilten Dimensionen, in ein Diesseits und ein Jenseits, die Anderswelt unterschieden. Es ist sehr selten, doch durchaus möglich, an dünnen Stellen in der Landschaft, einen Blick vom Diesseits ins Jenseits zu tun, oder gar hinüber zu treten. Wesen aus dem Jenseits können sich als Sidhe, Korrigans, Gnome, verzauberte Tiere und vieles mehr zeigen.

Doch Vorsicht: Die Zeit läuft in Diesseits und Jenseits verschieden schnell. Wer im Diesseits stirbt, wird kurz darauf im Jenseits geboren und umgekehrt. So war es unter den alten Kelten durchaus nicht unüblich Darlehen als "rückzahlbar im nächsten Leben" zu gewähren.

Der Gedanke, dass die Aneignung jeglicher Substanz eines Lebewesens unter Berücksichtigung der Aneignungsumstände einen Teil dessen Wesens auf uns übergehen lässt, ist bei den gallischen und britannischen Kelten ebenfalls bekannt. Der Kopfkult der Kelten geht auf die daraus weitergehende Überzeugung zurück, dass die Kraft eines im Zweikampf ehrenhaft Getöteten mit dessen Kopf auf den Sieger übergehe. Unehrenhaft Umgebrachte jedoch können ihren Mörder in Geistform verfolgen. - Was viele Neuzeitdruiden zu sehr mässigem Fleischkonsumenten oder Vegetariern macht.

Elemente und Reiche

Die klassischen Kelten unterteilten sowohl Diesseits als auch Jenseits wiederum in Triskelen, bestehend aus drei Reichen: Ihrer Ansicht nach gab es auf der Erde drei sich bewegende Elemente: Feuer, Wasser und Luft. Das macht mit der Erde zusammenzusammen vier. Keines dieser Elemente ist einem anderen überlegen. Die Elemente selbst lassen sich abgesehen vom festen Zustand, in drei "lebendige" Zustände einteilen. Heute würde man von den drei Aggregatzuständen Plasma, gasförmig, und flüssig sprechen.[21]

Wasser ist das Reich von Fischen, Meeren, Flüssen und Quellen.
Erde ist das Reich der Berge, Landtiere, Menschen und Pflanzen.
Luft ist das Reich der Winde, der Wolken und der Vögel.
Feuer ist das Reich der Flammensalamander.

Die Elemente sind in ihrer kontrollierten Form sehr geeignet, um mit der Anderswelt Kontakt auf zu nehmen. Beispielsweise in Form eines Höhenfeuers oder einer Kerzenflamme.
Dort wo sich diese Reiche, begegnen, wie an einer Quelle, auf einem Berggipfel, während eines Gewitters, kann der Schleier zwischen Diesseits und Jenseits dünn sein.

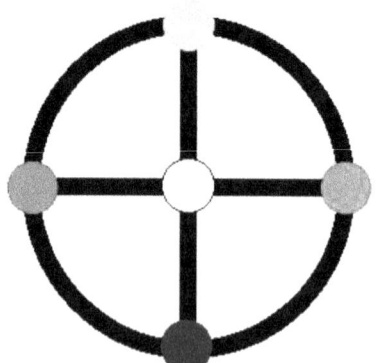

---

21   Es ist aus den Überlieferungen nicht ganz klar, ob mit Feuer, Wasser, Luft ausschliesslich die Elemente, oder auch ihre Aggregatzustände gemeint sind.
Das ist schlussendlich aber auch unwichtig, da es um Wirkungsprinzipien geht.

Die drei Kreise der Realität

Die Wahrnehmbarkeit der Realität durch den Einzelnen schliesslich unterschieden sie in drei Kreise:

Den inneren Kreis, als den Kreis des Innenlebens eines Wesens. Im Falle eines Menschen wären das sein Körper, seine Überzeugungen, Emotionen und Gedanken.

Der zweite Kreis wird durch alles direkt Wahrnehmbare gebildet. Die direkt wahrnehmbare Welt ist relativ klein und eigentlich stets nur eine kreisförmige Scheibe. Sie reicht eigentlich nur so weit wir sehen können.

Der äussere, dritte Kreis schliesslich wird durch all das gebildet, was nicht selbst sinnlich wahrgenommen werden kann. Die heutige Medienwelt, oder Gerüchte und Erzählungen aber auch Überlieferungen sind diesem Kreis zugehörig.

Für die Druiden war und ist es wichtig, selbst zu entscheiden über was sie sich Gedanken machen, also welche Eindrücke sie aus dem zweiten oder gar dritten Kreis in ihren innersten Kreis lassen.

Die drei Typen der Vervollkommnung

Auch für den innersten Kreis des eigenen Bewusstseins benutzten sie das Modell der Triskele. So gab es ihrer Ansicht nach die drei Typen: feurig, wässrig und Luftibus, die drei Lerntypen manuell, visuell und intellektuell. Wie bei jeder Triskele ist es wichtig, zu beachten, dass die einzelnen Wirbel beinahe nie in Reinform, sondern wie die drei Grundfarben in einer Mischung vorliegen. Ausserdem kann jede dieser drei Grundfarben verschieden hell, von beinahe weiss bis beinahe schwarz daher kommen.

Dasselbe gilt auch für die Lern- und Elementtypen. Je nach Mischung und Lichtstärke erleichtern sie dem Betreffenden einen von drei Pfaden der Selbstverwirklichung: Wissenschaft, Religion oder Kunst. Die Art der Verwirklichung muss aber auf jeden Fall mit Herz, Hand und Hirn geschehen. Im Folgenden gehe ich auf diese drei Wege, ihre Elemente und ihre Widersacher ein.

Herz:

Steht für den Glauben an das was man tut. Fehlt der rechte Glaube, so verliert jede Tätigkeit ihren Reiz und wird zur Qual. Das gilt besonders in der heutigen Zeit für Job und in vermehrtem Masse für jede Art von Schule. Der Glaube ist gewissermassen das Feuer, der Eifer, welcher einen vorantreibt. Sein Sitz ist im Herzen und seine Farbe ist rot, kann sich aber in Liebe bis zu weiss steigern. Wer seine Erfüllung im Herzen sucht, der kann in einem starken Glauben seinen Frieden finden. Das kann durch Meditation, eine Glaubensgemeinschaft oder andere Mittel geschehen.

Hand:

Tatkräftig tun, wonach man strebt. Die eigenen Grenzen durch den rechten Wechsel von Tun und Ruhen achten. Seine Kräfte und Fähigkeiten durch stete Übung steigern. Dafür steht die Hand und das Handwerk. Versagen die Kräfte so ist es Zeit zu ruhen - um dann die eigenen Kräfte durch Übung zu steigern. Die zugehörige Farbe ist Blau und der unermüdliche Wechsel ist in Ebbe und Flut gut ausgedrückt. Wer sich hierin besonders gut erkennt, der wird vielleicht eher dem Weg der Kunst folgen. Kunst bedeutet in diesem Fall auch Handwerk jeder Art.

Sei dies nun eine traditionelle Beschäftigung oder eine moderne. Wichtig an diesem Weg ist, sich nicht in ein Hamsterrad ohne jegliche Steigerung einsperren zu lassen. Unser Wirtschaftssystem erhöht diese Gefahr jedoch.

Hirn:
Nachdenken, die eigenen Taten durch Reflektion verbessern. Durch Verarbeitung des Getanen oder Gesehenen zu neuen Erkenntnissen für die eigenen Taten gelangen. Das ist die intellektuelle Arbeit des Hirns. Die Gedanken konzentriert zusammenzuhalten ist gar nicht so einfach, denn wie die Luft breiten sie sich gerne von alleine in alle möglichen Richtungen aus. Durch Konzentration kann man sie aber zusammenziehen und fokussieren. Deshalb ist das Element des intellektuellen Weges die Luft. Was Du denkst, ist Deine Sache! Deshalb sind die Massenmedien in ihrer blinden Sensationsgier gefährlich, denn sie zwingen den Menschen auf, über was sie zu denken haben.

Das Haus der drei Sonnen

Die Chinesen kennen obige drei Energien als "Dandiens". Ihre Energiezentren befinden sich im Bereich der Nieren, auf Höhe des Solar Plexus und eins inmitten des Kopfes. Das war es, wenn die alten Druiden vom Haus der drei Sonnen sprachen. Die Energie dieser drei Sonnen kann von innen und aussen, oben und unten beeinflusst werden. Im Inneren ist es der innere Friede aller drei Sonnen, welcher ausgeglichen und tatkräftig macht.
Die inneren Sonnen können aber auch "aus der Reihe tanzen", man fühlt sich "neben den Schuhen" oder "aus dem Lot".
Die innere Balance kann dann wieder erlangt werden indem man, beispielsweise durch Meditation, wieder zu sich oder "in seine Mitte" kommt.
Die Druiden haben sich in so einem Fall meist in den Wald verzogen, um ihren Frieden zu finden.

Nordische und germanische Kosmologie

Die nordisch-germanische Kosmologie basiert auf dem Weltenbaum Yggdrasil. Seine Regionen lassen sich in neun Reiche unterteilen.

In der Mitte und Schnittpunkt aller dieser Reiche ist unsere reale Welt, bei den Germanen "Midgard" oder Mittelerde genannt. Sie ist bevölkert von Menschen, Tieren und Pflanzen.

Eng daran anschliessend ist Wanaheim, das Reich der Naturwesen. Das sorglose in den Tag hineinleben in Einklang mit sich selbst, ist ihre Natur. Es ist das Reich des Instinkts und des natürlichen jahres- und lebenszeitlichen Rhythmus des Lebens aus sanftem Keimen, Wachsen, Vermehrung, Früchtetragen und Ruhen. Wanaheim ist das Reich der belebten Natur. Und wir Menschen sind auch Teil desselben, wenn wir auch nicht ausschliesslich dorthin gehören.

Auf der anderen Seite ist Schwarzalbheim das Reich von Industrie, Kunstfertigkeit und Wissenschaft. Es wird bevölkert von den Schwarzalben oder eben Zwergen, welche in ihren unterirdischen Minen unaufhörlich arbeiten. Es sind hervorragende Wissenschaftler, Ingenieure und Kunsthandwerker. Ihr Naturell ist oftmals vorsorgend, besitzergreifend oder hortend. Es sind hervorragende Kaufleute und Händler, jedoch teilweise mit einem Hang zur Verschrobenheit und Gier.

Direkt über Mittelerde, hoch in der Krone des Weltenbaums befindet sich Asgard, Sitz der nordischen archetypischen Götter. Sie verkörpern Ideale und eine reine Konsequenz. An ihren Abenteuern und Schicksalen kann ein jeder die Konsequenzen seines eigenen Verhaltens messen. Ursprünglich entstammten sie den Geschlechtern der Riesen und Wanen, doch entschlossen sie sich durch Geisteskraft und Konsequenz zu einem Leben als Götter. Sie stehen in ihren gereiften Formen sinnbildlich für alle erstrebenswerten Eigenschaften des lebensbejahenden Menschen.

Dem gegenüber befindet sich unter Mittelerde, noch unter den Wurzeln des Weltenbaumes Helheim, das Reich der Hel. Verbitterung, Grausamkeit, Groll, geifernde Unversöhnlichkeit und alle zersetzenden Gedanken finden sich in diesem freudlosen Reich der lebenden Toten. Wer sich dauernd mit negativen Gedanken abgibt, der bekommt schon mal einen Vorgeschmack, was denen blüht, die im Leben nicht wacker voran schreiten. – Schade, wenn man weiss, dass auch die verbitterte Hel einst hätte in den Kreis der Asen aufgenommen werden können. Verbitterung bringt uns Helheim näher, Vergebung befreit uns davon. Doch manchmal ist es sinnvoll nach Helheim zu reisen, um sich seiner eigenen Verbitterung zu vergegenwärtigen, um sie dann dort los zu lassen.

Man munkelt, dass alle gefallenen Seelen nach ihrem Tode tief im Reich der Hel diesem nur durch Selbstaufgabe und Abtauchen in einen namenlosen Brunnen entkommen können. Dazu müssen sie sich, ihr Ego, ihr Bewusstsein und vor allem die sie bindenden Anhaftungen und ihre Verbitterung vollständig aufgeben. In den Wassern der Seelen gelangen sie dann auf wundersamen Wegen erneut in den Seelenbrunnen in Lichtelfenheim.

Eng anschliessend an Helheim in den Tiefen unter Yggdrasil befindet sich Niflheim, das Reich der Frostriesen. Sie stehen für Eis, Kälte, Starre und das Aufbrechen und Einfrieren von allem was nicht Eis ist. Es sind meist sture, konservative eiskalte Prinzipienreiter ohne jede Spur von Menschlichkeit. Die alten Germanen und Norse mussten sich jeden Winter aufs Neue zu Recht vor ihnen fürchten.

Heutzutage scheinen sie mit dem Rückzug der Gletscher und den milderen Wintern etwas versöhnlicher gestimmt. Wer sich mit ihnen arrangiert, kann (sehr zu ihrer Freude) einen Schneemann bauen oder skifahren.

Und beinahe jeden, bis auf die verstocktesten Eisriesen kann man durch Zuversicht, Liebe und Herzenswärme zum Schmelzen bringen. Väterchen Frost, oder nordisch Oskar zeigt sich dann in Form von verschneiten Winterlandschaften oft in seiner schönsten Form und bringt sogar Geschenke…

Wenn Eis schmilzt, sich die Gletscher freiwillig unter der Kraft der Sonne zurückziehen, dann erwacht neues Leben.

Von Mittelerde aus gesehen gegenüber von Niflheim liegt Muspellheim, die Welt der mächtigen Feuerriesen. Wie schon die alten Norse wussten, ist sie riesig und ihre Bewohner wahrhaft furchterregend. Schliesslich ist der gesamte Erdkern ja nichts anderes als flüssige Lava oder noch Heisseres. Die brodelnde, kaum unterdrückte gewaltige Wut, die sich in Vulkanausbrüchen und rasenden Feuersbrünsten Bahn bricht, das ist Muspellheim. Feuerriesen sind der absolute Gegensatz zu den Eisriesen. Ihre zerstörerische Impulsivität baut sich oftmals in gewaltigem Druck auf, bevor sie sich in explosionsartigen Eruptionen entlädt. Sogar die Götter haben Angst davor, dass dieses unkontrollierte Meer aus ungezügeltem Feuer sie dereinst verschlingen könnte. Doch in einer massvollen und permanent gehüteten Form ist es das Feuer, welches im Winter Wärme spendet, Speisen gart und Licht ins Dunkel bringt. Wer mit seinen feurigen, eruptiven Emotionen Frieden schliessen will, der kann sich nach Muspellheim zu den Söhnen Surts begeben.

Es gibt noch ein drittes Riesenreich, genannt Riesenheim das Reich der Steinriesen. Das Reich der Materie ist das ihre. Anders als ihre Brüder haben sie meist keinen Eroberungsdrang, wollen in Ruhe gelassen werden und sind vor allem in und unter den hohen Bergen zu hause. Wer ihnen auf die Nerven geht, wird auch schon mal von oben mit Felsen beworfen. Wenn ihnen Siedlungen zu nahe kommen und an ihren Hängen zu viele Bäume gefällt werden, so kann es schon mal sein, dass sie sich mit einem Erdrutsch rächen. Sie sind die einzigen Riesen, die den Wanen, ja sogar den nordischen Göttern eine gewisse Sympathie entgegenbringen. Einer ihrer Baumeister erbaute aus seinen Steinen sogar die Götterburg in Asgard. Mit den Schwarzalben sind sie gut befreundet und schenken ihnen edle Metalle und kostbare Steine. Wie ihre Brüder die Reifriesen sind sie sehr konservativ und ihre Emotionen brechen sich wie bei den Feuerriesen oft schlagartig Bahn. Im Allgemeinen sind sie aber nicht besonders bösartig, wenn man sie und ihre Grenzen respektiert. Es ist allerdings keine gute Idee, sie ach so intellektuell zu übervorteilen, oder ihnen respektlos zu begegnen. Dann können sie, wie der allseits bekannte Meister Rübezahl, nicht nur derbe Streiche spielen, sondern auch handfeste Argumente sprechen lassen.

Gegenüber dem Reich der Materie liegt Lichtelfenheim, die pure Welt des Geistes. Es sind die Lichtelfen, welche die Regenbogenbrücke Bifröst von Asgard nach Wanaheim errichten. In dieser geheimnisvollen Welt aus Licht und purer Seelenenergie steht der Seelenbrunnen, aus welchem laufend die Seelen der ungeborenen Wesen abtropfen, um in einer der anderen Welten geboren zu werden. Durch den Lauf der Wasser ist er mit allen anderen Brunnen verbunden. Die Lichtelfen sind das was man als erleuchtet bezeichnet, pure Energiewesen ohne Notwendigkeit eines Ichs oder trennender, wertender Gedanken. Es ist wohl der Traum eines jeden Sehers, auch nur einen Blick auf die Glückseligkeit dieses Elfenvolkes werfen zu dürfen. Es steht jeder Seele nach ihrem Ableben frei, sich von all ihren Verhaftungen zu lösen und direkt dem klaren Licht entgegen, nach Ljusalfheim zu entschweben.

Gemeinsamkeiten der verschiedenen Kosmologien

Beinahe alle Weltreligionen und Philosophien unterteilen den Kosmos in ein Diesseits, also unsere täglich wahrnehmbare Realität und ein Jenseits. Die Übergänge sind teils beinahe unüberwindlich, so wie bei den semitischen Schriftreligionen,[22] oder sehr durchlässig. Die meisten Kosmologien gehen von der Unsterblichkeit der Seele und ihrer Wanderung in eine andere Realitätsebene nach dem Ableben des Körpers aus. Dabei wird unsere Realität oft als eine Art mittlere Prüfungswelt dargestellt. Abhängig von Schuld oder Verdienst in diesem Leben stehen der Seele die ersehnten Pforten des Himmels oder der Weg in die Unterwelt offen.

Himmel

Der oder die Himmel sind in beinahe allen Weltphilosophien präsent. Der oder die Himmel werden von diesen in mehrere Sphären oder Reiche unterteilt. Allen gemein ist, dass man diese erstrebenswerten Ebenen offenbar nur durch Verdienst erreicht. Dies kann während des Lebens, temporär in tiefer Meditation, Gottesgnade oder nach dem Tod des Menschen geschehen. Je höher man in den Himmeln steigt, desto grösser wird das eigene Mass an Harmonie und das Erkennen und Verstehen des göttlichen Willens sein. Dem Mass an Erkenntnis sind bis zur Verschmelzung mit dem Göttlichen keine Grenzen gesetzt. Diese Erkenntnis wird von allen, die davon berichten konnten als ein Zustand höchsten Glücks und der Vervollkommnung beschrieben. Allerdings ist den Seelen offenbar beliebiges Zweifeln und jeglicher Widerspruch gestattet, wodurch sie wieder herabsinken, um ihre Dissonanzen je nach Modell auf einer tieferen Oktave, Sphäre oder Ebene zu klären. Deshalb spricht man auch von der ewigen himmlischen Sphärenmusik.

Unterwelt

Es gibt über fünfzig verschiedene Definitionen von Unterwelten, angefangen von der "A Mythologie" bis zum Wagga Wagga.[23] Ihnen allen ist gemeinsam, dass sie Orte der Qualen und des Leidens sind.

---

22   Juden Christen und Moslems
23   Falls es jemand nicht glaubt: Wagga Wagga ist die Mythologie der Aborigines in Australien.

Unsere Realität ist die letzte Ebene oberhalb der Höllen. Unser freie Wille kann uns, wenn er entweder nicht oder zum Bösen benutzt wird, schon hier das Bewusstsein einer bösen Welt bescheren.
Nach Darstellung der meisten Kosmologien geraten Seelen, die sich ihren Aufstieg in den Himmel oder Reinkarnation auf dieser Welt nicht verdient haben, in eine der ausnahmslos unangenehmen Höllen, wo sie während langer Zeit die Strafen für ihre Verfehlungen zu büssen haben.

Diese Welt
Einige Kosmologien gehen davon aus, dass es an der Grenze von Himmeln und Höllen zwei Prüfungswelten gibt. In beiden dürfen sich die Seelen klar werden, ob sie lieber das Böse weiter ergründen oder sich der Harmonie zugezogen fühlen. Die Prüfungen in der oberen, sozusagen arrivierten Prüfungswelt bestehen darin, angesichts des Erreichten keine Gleichgültigkeit und Faulheit zu entwickeln. In der unteren Prüfungswelt jedoch ist es den Dämonen jederzeit gestattet, sämtliche Wesen jederzeit nach Belieben zu prüfen und zu versuchen. Auf welcher von beiden wir uns befinden, scheint teilweise von der persönlichen Situation, aber vor allem von der eigenen Sichtweise abhängig zu sein. Wie Du Dich in dieser Realität auf die "helle Seite", also die obere Prüfungsebene begeben kannst, ist ab Seite 168 beschrieben. – Es ist nicht ganz einfach, aber es lohnt sich immer wieder. Ein freuderfülltes Leben macht auch einfach mehr Spass, als vor sich "hinzugrufteln".

Erste Bedingung ist allerdings, dass Du Dein inneres Wesen, also Dein inneres Königreich kennen lernst und dort Weisheit und Stärke gewinnst. Also schauen wir doch mal, was uns im inneren Königreich begegnen kann:

Was kann mir auf meinen inneren Reisen begegnen?

Grundsätzlich können Dir in Deinem inneren Königreich jede Art von Wesen, inklusive Fabelwesen, Engel, ja sehr selten sogar Götter erscheinen. Wie intensiv die Wahrnehmung ist, hängt allein von Deiner Willenskraft und Übung ab.

Auch der Aufbau Deines inneren Königreichs ist einzigartig!
Ist es doch Dein Königreich und widerspiegelt Dich so individuell wie Dein Fingerabdruck (vgl. S. 45ff). Die einen finden einen Garten mit Springbrunnen vor, andere einen Wald, wieder andere ein Schloss. Ein besonders kreativer Druide sah sich unversehens an Bord von etwas, was er als "sehr gross, sehr technisch und irgendwie wie ein Schiff" beschrieb.

Allen inneren Königreichen gemeinsam ist jedoch, dass sie auf subtile Art und Weise den Zustand des Suchenden abbilden. Also nicht traurig sein, wenn Du inmitten eines Brombeerverhaus rauskommst. Setze Dich einfach hin und stell Dir vor, wie sich die Brombeeren (oder was auch immer nicht in Harmonie ist) langsam in einen harmonischen Zustand verändern. Brombeeren werden zu Rosenbüschen. Ruinen werden zu Häusern. Dunkelheit weicht dem Licht. - Das nennt man Schöpfung! Damit einher geht aber auch eine grosse Verantwortung, denn, ob Du es glaubst oder nicht: Der Zustand Deines inneren Königreichs beeinflusst wiederum Deinen körperlichen, geistigen und seelischen Zustand! Also erschaffe weise, in Harmonie und Gleichgewicht. Du brauchst keine Schutz- oder Abwehrmechanismen, denn das innere Königreich ist von anderen Wesenheiten unangreifbar. Du allein bist dort der Herrscher!

Irgendwann wirst Du wohl feststellen, dass Dein Garten oder Dein Königreich ein Zentrum hat. Meistens ist dies eine Quelle oder ein Brunnen. Lass Dich dort nieder und ruhe Dich vom Schöpfen aus. Es ist nur eine Frage der Zeit, bis sich Dir dort im Zentrum Deines Wesens ein Weiser, Dein Totem oder andere Helfer offenbaren. Meist sind sie von Anfang an friedfertig. Wirken sie bedrohlich oder gefährlich, so sende in Gedanken Friedfertigkeit aus. Ein Angriff ist so absolut ausgeschlossen!

Nur wenn Du Aggression ausstrahlst kann es sein, dass Dir eine Lektion erteilt wird. Du kannst Dich mit den Wesen, welche sich durch die Harmonie und das Gleichgewicht in Deinem Garten eingefunden haben durchaus unterhalten. Sie sind meist grossartige Ratgeber, Freunde und Lehrer.

Die meisten Wesen, die Dir im Inneren Königreich begegnen werden, sind Dir wohlgesonnen: Unerklärlich auftauchende, positive, oft sehr humorvolle Begleiter, welche Dich dabei unterstützen, Dich und Deine Wesensanteile auf den Weg ins Licht zu begeben.

Davon gibt es aus den verschiedensten Bereichen der geistigen Sphären eine ganze Masse. Es sind Helfer, keine Götter. Demzufolge sind sie durchaus verehrungswürdig, aber nicht zum Anbeten gedacht.

Meist ist es immer derselbe innere Lehrer oder Meister. Zuweilen musst Du zuerst mit ihm "ringen" oder ihn erlösen, bevor er sich Dir zu erkennen gibt, und Dir hilft. Wie das geht, ist ab Seite 166 beschrieben.

Vermasselst Du diese Prüfung, so ist das übrigens nicht weiter schlimm: Du kannst Deine Reise in die Anderswelt jederzeit beenden und Dir im Hier und Jetzt überlegen, was Du beim nächsten Mal besser machen kannst, um die Prüfung zu bestehen. Das wird Dein Aufgaben- und Konfliktlösungsverhalten auch in dieser Welt ungemein positiv beeinflussen, denn auch durch eine Niederlage kannst Du in der Erkenntnis einen grossen Gewinn aus der Konfrontation ziehen.

Schauen wir uns doch einmal an, was uns da so alles begegnen kann. Die folgende Aufzählung ist lang, aber bei weitem nicht abschliessend. Schliesslich hast Du kein Lexikon gekauft, sondern eine Anleitung zum Reisen in innere Welten:

Ahnengeister

Verstorbene Ahnengeister

Es kann sein, dass Du in der Anderswelt unversehens verstorbenen Familienangehörigen, die Du persönlich gekannt hast begegnest. Das ist keine Form der Totenbeschwörung, denn diese Wesen finden sich aus freien Stücken ein. Meist können sie Dir wertvollen Rat spenden. In vielen alten Kulturen werden die Ahnengeister über Generationen hoch verehrt und spenden den ihren Kraft, Inspiration und Zuversicht in der Not.

Sollte Dir ein Ahnengeist, was sehr selten vorkommt, negativ gegenüber stehen, oder Dich angreifen, so befehle ihm durch Deine Gedankenkraft in sicherer Entfernung von Dir stehen zu bleiben und hör Dir seine Argumente an. Lässt er Dich nicht in Ruhe, befehle ihm für immer zu verschwinden, denn er ist ja schon tot. Sag ihm das, und er wird über kurz oder lang verschwinden. Suche in hartnäckigen Fällen einen wirklich guten Heiler auf, um den Lästling los zu werden.

Mythische Stammesvorfahren

Hast Du berühmte Vorfahren? Oder gehörst Du einer Tradition an, die berühmte Helden aufweist? Dann kann es sein, dass Du diesen in Deinem inneren Königreich begegnest. Je mehr Du über sie weisst, desto genauer können sie erscheinen. Oft stellen sie sich nicht mit Namen vor oder erscheinen gar in gewandelter Gestalt oder als Tier. Sie können Dir viel über Dein Stammesschicksal, immer weiter vererbte oder tradierte körperliche oder charakterliche Merkmale beibringen, und wie Du sie für Dich am besten nutzt und damit umgehst.

Elementarwesen

Die Elemente lassen sich, je nach Tradition beliebig unterteilen. In der Folge verwende ich die klassisch keltische Teilung, so wie sie uns durch Sonnenrad und Keltenkreuz überliefert wurde. Die meisten Elementarwesen, denen Du im inneren Königreich begegnest, werden Dir freundlich gesonnen sein. Sei aber sehr vorsichtig, wenn Du Einladungen annimmst, ihnen in ihre Reiche zu folgen. Leben und Tod spielen bei ihnen weit weniger wichtige Rollen als bei uns. Nicht umsonst wurden sie bei Griechen und den alten Norse in ihren furchterregenden Formen auch als Titanen oder Riesen bezeichnet.

Feuerwesen

Feuer strebt immer nach oben, ist auf Brennstoff angewiesen und verzehrt diesen. Feuer in seiner gezähmten Form spendet uns Wärme, Schutz, Licht und kann zur Zubereitung von Speisen und Medizin benutzt werden. In seiner unkontrollierten Form ist Feuer ein Vernichter alles Lebenden. Manchmal ist diese Vernichtung der erste Schritt zur Entstehung neuen Lebensraums.

Die Wesen des Feuers sind der Phönix und die Salamander. Nein, nicht die niedlichen Lurchis am Waldboden. Die brennen zwar auch wenn man sie anfasst, sondern die Flammenzungen aus purem Plasma. Sie sind wunderschön anzusehen, doch brennend heiss. Durch sie wird Altes verzehrt und in Asche und Rauch verwandelt. Durch diesen Akt des Verzehrens schafft das Feuer tatkräftig und oft impulsiv Platz für Neues. Die Salamander können sowohl geschlechtsneutral, als auch männlich oder weiblich erscheinen. Ihre bevorzugten Erscheinungsorte sind Feuer, Kerzenflammen, aber in Verbindung mit Erde auch Vulkane, und in Verbindung mit Luft die Blitze.

In allen Herzensangelegenheiten oder bei brennendem Hass können sie in Erscheinung treten und uns die Folgen unserer Handlungen aufzeigen. Dabei sind nicht alle Feuerelementare "Hitzköpfe". Es gibt auch sehr warme, liebevolle Wesen unter ihnen. Alle Feuerelementare lieben übrigens den Tanz, so wie auch sie ihre Flammen gerne tanzen lassen. Das kann von Bauchtanz über den berühmten Tanz ums Feuer bis zu Hardcoretekkno gehen. Wenn Du mit Flammengeistern sprechen willst, dann zünde eine Kerze oder ein kontrollierbares(!) Feuer an. Wenn Du zu viel Feuer in Dir hast, so sprich mit den Wasserwesen.

Wasserwesen

Wasser strebt in seiner flüssigen Form immer nach unten, dem geringsten Weg des Widerstands folgend, niemals nach oben. Geduldig füllt es Senken und Täler aus, bis es unaufhaltsam weiter seinem Ziel, dem Meer entgegen fliesst. Es befindet sich in einem dauernden, harmonischen Kreislauf, der nur zuweilen durch Hindernisse unterbrochen, aber nie endgültig aufgehalten wird.

In seiner rohen Form zerbricht es Barrieren mühelos und überflutet weite Flächen unaufhaltsam. Die erste biblische Zerstörung war nicht umsonst die Sintflut. Das Wasser arbeitet geduldig, aber unaufhaltsam und gründlich. Auf seiner Reise zum Meer nimmt es Eindrücke in Form von Salzen und Schwingungen mit. Die Orte, welche es durchfliesst, werden durch das Wasser fruchtbar. Ohne Wasser gäbe es kein Leben.

Das Wasser ist deshalb sehr stark mit dem weiblichen, Fruchtbarkeit spendenden Urtyp verbunden. Insbesonders an Quellen und Bachläufen trifft man hin und wieder auf die liebreizenden Nymphen.

Wassermänner, Nixen und Meerjungfrauen hingegen sind eher an grossen Strömen, beziehungsweise am Meer anzutreffen. Die Meeressäuger sind ihre Wappentiere.

Geh und such Dir ein lauschiges, keinesfalls kaltes Plätzchen an einem möglichst naturbelassenen Bach, einer Quelle, einem breiten Strom oder dem Meer und sprich mit den Wasserwesen. Für die Männer unter uns: Ja Nymphen und Nixen baden oft und gerne und das nackt! Also glotz nicht so, mach den Mund wieder zu und sei höflich. Manche von ihnen sind liebevoll, andere wie die Sirenen oder die Töchter Rans gefühlskalte und heimtückische Menschenjägerinnen. Warum sie es dabei vor allem auf Männer abgesehen haben, ist mir noch unklar.

Auf geheimnisvolle Art und Weise ist die Kraft des Wassers an den Mond gebunden. Ebbe und Flut sind wohl jedermann bekannt. Dass aber jegliches Wasser, auch das in unserem Körper genauso dem Gang des Mondes unterliegt, ist schon weniger bekannt. Die Nymphen sind grossartige, meist grossherzige Trösterinnen aller Niedergeschlagenen. Sie wissen um den einfachen Weg, den es einzuschlagen gilt, um ein Ziel mit Geduld, Liebe und Ausdauer zu erreichen. Aber insbesondere die Nixen und Wassermänner wissen auch wenn sich genug angestaut hat, und es Zeit ist, andere Saiten aufzuziehen und Hindernisse aus dem Weg zu putzen.

Wenn Wasser gefriert dehnt es sich zwar aus und formt zuweilen atemberaubend schöne Kristalle, aber es wird dadurch lebensfeindlich wörtlich frigide - kalt. Da hilft nur die Kraft der Sonne, um es zum Schmelzen zu bringen. Zum Schmelzen bringt man jedes Wasserwesen durch harmonischen Gesang, den sie über alles lieben.

Wer zu wenig Wasser hat, der wird immer wieder vor scheinbar unüberwindlichen Hindernissen stehen. Ein Zuviel, gefrorenes oder ein Stau im eigenen Wasser, macht sich meist durch einen ausgeprägten Hang zur weinerlichen, aufgelösten Emotionalität, Gefühlskälte und einer Stagnation bemerkbar. Dann kannst Du Primär-, Feuer- und Erdwesen um Hilfe bitten.

Erdwesen

Erde ruht. Sie gibt allen anderen Elementen und allem Leben erst die Grundlage und den Halt. Den Pflanzen zudem die wichtigen Nährstoffe und unserem Planeten auch den Namen. Mutter Erde selbst spendet uns in ihrer fruchtbaren Form als Mutter Gaia alles Leben. In ihrem Inneren verbirgt sich zwar ein sehr lebendiges Eigenleben, doch im Grunde verkörpert sie die Ruhe selbst. In Ihrer harten Form als Stein kann sie lebensfeindlich und hart sein.

Steinwesen tendieren zu einer grundsätzlichen Gemächlichkeit, aber sie lieben alles Schöne, das auf dem Erdboden wandelt.

Die Erdwesen sind sehr unterschiedlich: Sie erscheinen uns manchmal als kleine, sehr liebenswürdige Erdleute, den Zwergen oder Gnomen vergleichbar, manchmal, insbesondere im Gebirge, auch als Riesen. Zwerge und insbesondere die Gnome sind schnelle Denker, hervorragende Handwerker und der Natur und allem Schönen, insbesondere Blumen, Steinen und gütigen Menschen, besonders Kindern zugetan.

Die Riesen sind demgegenüber meist eher langsame, überlegte Denker. Der Menschen Angelegenheiten interessieren sie meist nur wenig. Doch wenn ein Kind in Not ist, oder einen Mann schweres Herzeleid plagt, so kann es sein, dass sie in der Nähe der Berge plötzlich eine sehr grosse, mitfühlende Präsenz verspüren. Angesichts der Schönheit eines Wesens, das in ihrem Reich wandelt, verlieben sich mitunter sogar Riesen. Dann verwandelt sich Stein in fruchtbare Erde.

Achte gut auf den Boden und den Gesteinsuntergrund auf dem Du lebst und meditierst. Er ist die Grundlage für Deine Empfindungen. Um das besser wahrnehmen zu können, möchte ich mich dem Zitat eines der grössten Druiden, der je die Welt betrat anschliessen: "Ziehet die Schuhe von Euren Füssen, denn der Boden da ihr darauf stehet ist heilig."

Wenn du zu träge, starr und faul bist, dann öffne Dich dem Leben und allen Elementen.

Die Liebe erstrahlt in Anbetracht all des Schönen zuerst von selbst im Inneren, wie ein edler Stein eben. Wer diesen Stein findet und korrekt schleift, der wird seiner Mühe Lohn erhalten.

Windwesen

Von allen Elementaren sind die Sylphen und Djinne sicher die verspieltesten. Luft ist ständig am herumwirbeln, in Bewegung, dehnt sich aus, zieht sich zusammen, reisst alle anderen Elemente vom sanften Reigen bis zum gewaltigen Orkan mit sich mit. Sie sind stets sehr gut informiert. Kein Wunder, verbreiten sich doch Nachrichten stets in Windeseile. Dabei sind sie beileibe keine Luftikusse. Sie lieben den Wagemut und das freie Denken über alles.

Die klare Kraft eines konzentrierten, logischen, wahrhaft freien Gedankens oder einer Meditation entwickelt im Beisein der jauchzenden Windelementare eine ganz andere Dimension, denn die Winde helfen dabei gerne mit. Grenzenlose Freiheit, insbesondere der Gedanken, ist das Wesen des Windes.

Alle Vögel sind naturgemäss enge Freunde der Luftwesen und tauschen sich gerne mit ihnen aus. Wer den Flug der Vögel und den Zug der Wolken zu deuten weiss, der kann das Wetter zuverlässig vorhersagen. Wenn man den Windwesen etwas ankreiden kann, dann vielleicht eine gewisse Sprunghaftigkeit. Selten werden Winde wirklich zornig, können dann aber je nach Verbrüderung mit einem der anderen Elemente als schneidender Eis-, Sand- oder Wirbelsturm, Orkan oder Tornado grosse Macht und Vernichtung entfalten.

Unter Druck gesetzt, zerreissen sie nahezu jedes Gefängnis oder treiben den, der sie einzusperren versucht in den Wahn. Wer seine Segel beziehungsweise Flügel aber richtig zu stellen weiss, den tragen sie nicht nur übers Meer, sondern auch bis hoch in die Lüfte.

Es reicht manchmal schon aus, richtig, also tief und langsam ein und aus zu atmen, um ihre Kraft auf unserem Körper zu spüren. Viele Druiden sind ihrem Wesen gemäss grosse Windfans. Manche lassen gar Drachen steigen, Kiten oder fliegen Gleitschirm.

Windwesen triffst Du aber genauso auf einer Bergspitze, vorteilhafterweise nicht bei Gewitter oder all zu heftigem Sturm. Sie helfen Dir mit ihrem wilden Tanz, Deine Gedanken zu schärfen.

Bist Du allzu sprunghaft in Deinem Wesen, dann komm wieder auf den Boden: Je höher Du schwebst, desto tiefer kannst Du fallen! Geh in Dich, besuche eine Höhle und finde dort wieder zu Deinem ruhenden Pol.

Liebe/Leben

Was wäre ein Keltenkreuz oder Sonnenrad ohne das verbindende Element in der Mitte? Was wären die anderen Elemente für sich allein? – Nichts!

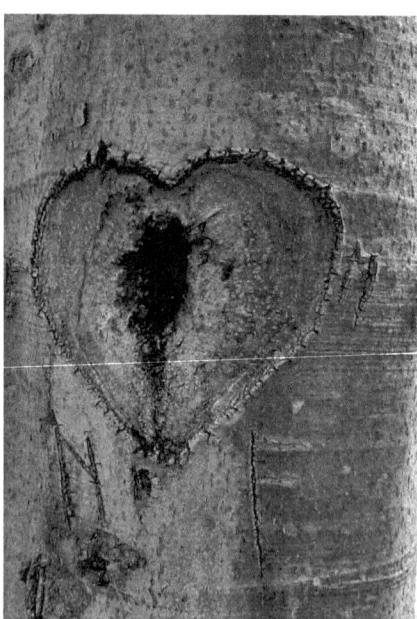

Erst durch die liebende Verbindung aller vier Elemente entsteht das Leben selbst. Die Wesen welche daraus entstehen, sind zunächst Lebenswesen aus ungeteilter Liebesenergie.

Im christlichen Glauben werden sie oft in ihrer Form als Engel dargestellt. Wer ganz genau hinsieht oder hellsichtig ist, kann sie als winzige, umherhuschende Lichtpunkte wahrnehmen.

Ihre Energie ist die unbedingte Liebe ohne Forderungen, Erwartungen oder Bedingungen. Sie sind pure, weisse Liebe ohne Wenn und Aber. Unbesiegbar, friedfertig und unendlich mitfühlend umgeben sie uns ständig.

Kinder, Alte und Schwache haben oft unerklärliches Glück im Angesicht grosser Gefahren. Dann haben diese mächtigen Wesen als "Schutzengel" oft ihre Hände im Spiel. Manche von ihnen haben das Bedürfnis, dem von ihnen so geliebten Leben näher zu sein und sie inkarnieren sich in Pflanzen, Tieren und Menschen.

Pflanzenwesen

Pflanzenwesen, so genannte Dryaden oder Pflanzendevas wie sie auch genannt werden, sind für uns fremde und doch sehr gütige und mächtige Wesen. Das Bewusstsein von Pflanzen erstreckt sich jeweils auf alle Exemplare seiner Art. Deshalb ist der Tod eines Exemplars für sie zwar schmerzlich, aber nicht tödlich.

Ausserdem können Pflanzen offenbar auch über die Artgrenzen hinweg kommunizieren. Wie sie das genau tun und eine Auswahl der in Mitteleuropa anzutreffenden Baumwesen, sowie einen genauen Beschrieb, wie Du mit ihnen direkt kommunizieren kannst, findest Du in Band 1 dieser Reihe "Sprechen mit Bäumen".

Aber nicht nur mit Bäumen kann man, nach dem Resonanzprinzip in der Realwelt kommunizieren, sondern eigentlich mit jeder Art von Pflanze. - Es kann nämlich sein, dass Dir im inneren Königreich unvermittelt ein grosses Gänseblümchen erscheint oder von mir aus eine Kartoffel.

Schau Dich doch einfach mal sehr genau in dieser Welt um: Was wächst denn direkt vor Deiner Haustüre, Deinem Arbeitsplatz oder an Deinem täglichen Arbeitsweg? Gibt es Pflanzen, die Du besonders magst, die Dich besonders anziehen oder zu denen Du eine Beziehung hast?

Verachte mir vor allem die Unkräuter nicht! Gerade sie sind es, die uns oftmals vollkommen ungeahnt Heilung an Körper und Seele zu teil werden lassen können! In der Anderswelt erscheinen sie uns oft in ihrer menschenähnlichen Form als Dryaden oder als Pflanzenengel. Sie können uns in der Anderswelt oft wertvolle Ratschläge zu ihrer Verwendung in der Realwelt geben. Doch sei vorsichtig: Pflanzendevas sind sehr mächtig. Wer die Hilfe einer Pflanze missbraucht, bekommt ihren Zorn zu spüren.[24]

Insbesondere bei giftigen Pflanzen sind Respekt und Anstand ein Muss. Nur die wenigsten Pflanzen, wie der Mais, das Korn und einige andere Nutzpflanzen opfern sich bereitwillig, um verzehrt zu werden, und uns am Leben zu erhalten. Diesen sollte unser Dank gebühren.

---

24 Bei uns diesbezüglich sehr bekannt sind die mächtigen Devi des Tabaks, der Kokapflanze, des Mohns, des Hanfs und mancher Pilze.

Alle medizinisch wirksamen Pflanzen sollten mit besonderem Respekt und einer gewissen Ehrfurcht behandelt werden. Durch die bewusste Auseinandersetzung wirken sie nicht nur besser, sondern Du vermeidest gefährliche Fehler. Nimm nie etwas ein, dessen potenziell giftige Wirkung Du nicht genau kennst.

Tierwesen
Schutzgeister erscheinen uns im inneren Königreich sehr oft in Tierform. Selten erscheinen die Tierwesen selbst. Wenn, dann prüfen sie den Reisenden meist eingehend und oft recht handfest, bevor sie ihm helfen. Oft erscheinen sie uns zunächst in ihrer negativen, bedrohlichen oder gar bösartigen, verwunschenen Form. Sobald wir sie durch unser untadliges Verhalten, die richtigen Fragen und Handlungen von ihrer Verzauberung befreit haben, wandeln sie sich oftmals auch äusserlich in ihre erlöste Form und helfen uns. Das setzt jedoch unser fortgesetztes ethisch und moralisch hochstehendes Verhalten voraus.

Man kann nicht ein bisschen über Bären träumen und dann behaupten der Bär sei jetzt das eigene Totem! Überhaupt sind Totems den Indianern vorbehalten. Auch die südamerikanischen, mächtigen Naguale sind nur für Angehörige des entsprechenden Kulturkreises vollständig erfassbar. In westlichen Kulturen heissen sie Tierhelfer und haben eine andere, wenn auch ähnliche Rolle inne. Um mit einem Tierarchetypen zu kommunizieren, müssen wir uns stets bewusst sein, mit welchen Werten, Sagen und Eigenschaften das Tier für uns behaftet ist. Das Wesen des Fuchses beispielsweise wird in verschiedenen Kulturen vollkommen verschieden interpretiert und übt demzufolge je nach Kultur, einen jeweils anderen Einfluss auf Reisende im inneren Königreich aus. Demzufolge gibt es zu einigen Tieren eine grosse Menge, oft widersprüchliche Angaben in der Literatur.

In der Folge dennoch, als grober Überblick eine nicht ganz bierernste Liste der häufigsten Tierhelfer und ihrer vermutlich anzutreffenden Eigenschaften. Wie bei jeder Begegnung im inneren Königreich gilt für die verschiedenen Erscheinungsformen von Tierhelfern aber, dass sie Deiner Innenwelt entstammen. Wichtiger als jegliche kategorische Zuordnungen sind Deine persönliche Beziehung und Einstellung zu den Wesen in der Anderswelt.

Also wundere Dich nicht, wenn Dir ein philosophischer Mops, ein knurriger Hamster oder ein akademischer Wolpertinger begegnen.

Adler

Der Vogel Aar ist ein weiser Ratgeber aus hoher Warte. Manchmal scheinen seine Worte die des Allvaters selbst zu sein. König der Greifvögel und unbestrittener Herrscher der Lüfte. Seinen scharfen Augen entgeht wenig und ebenso scharf ist sein Verstand.

Amsel

Oft Seelenvogel und Vehikel von derzeit nicht inkarnierten, also verschiedenen/ungeborenen Seelen. Trösterin in der Not. Stimmgewaltige Komponistin und Sängerin. Künderin des Regens. Wer eine Amsel gerettet hat, dem können sie und ihre Nachfahren oft lebenslange Treue bewahren.

Bachstelze

Das aus dem Tod entstehende Leben. Urform des Vogels Benu (Phönix), kleiner Bruder des Reihers. Motto, "Mach Dir keine Sorgen, nach dem Tode geht es fröhlich weiter."

Bartgeier

Entspricht in etwa dem südamerikanischen Meisternagual "El Condor". Friedfertiger majestätischer in sich selbst ruhender Meister der Lüfte. Nutzt die Strömungen der Winde, um nahezu mühelos aufzusteigen. Lebt friedlich von Knochen bereits toter Tiere, also ein vorbildlicher Recycler. Er versteht die höheren Zusammenhänge, stört sich nicht um das Gezänk unter ihm, sondern hat immer das ganze Bild im Auge.

Biber

Alias Meister Bockert, ist der geniale und emsige Baumeister unter den Säugetieren. Gut organisierter Burgherr und Bäumefäller. Alles ist bei ihm wohl durchdacht und als wahrer Ingenieur ist er auf alle Eventualitäten stets vorbereitet. Sogar seine Burg ist klar in Fress-, Schlaf- und Spielhöhlen getrennt...

Biene

Das fleissige Immchen allein geht als Bestandteil des Schwarms völlig in diesem auf. Unermüdlich ist sie zum Wohle des Schwarms unterwegs und auch bereit sich für diesen zu opfern. – Der Bienenschwarm als Ganzes ist der Archetyp! Sie, die Honigreiche besteht aus der Gesamtheit ihrer Bienen. Das Wissen um die Heilkraft des Honigs, der verschiedenen Pollen, der Fruchtbarkeitsteuerung und der grossen Harmonie der Welten ist ihr Geheimnis.

Braunbär

Meister Petz: Gutmütiger und starker Begleiter, insbesondere Schutzgeist für kleine Kinder. Auch als Teddybär deshalb sehr beliebt. Das personifizierte Jahr, in seiner Form als unschuldiges Blumenmädchen Ostara reitet oft auf einem Bären und bekommt von ihm Milch und Honig. Den Winter verschläft der Bär als Faulpelz gemütlich in seiner Höhle. – Recht hat er.

Dachs

Er ist ein weiser, gelehrter Wurzelkenner. Vor allem will er in Ruhe gelassen werden. Mit denen, die ihn in Frieden lassen, lebt er dann auch in Eintracht zusammen. Wer ihn jedoch in arge Bedrängnis bringt, der lernt ihn als fürchterlichen Krieger kennen.

Bussard

Die Angehörigen der Familie Bussard oder Busant scheinen auf eine oder andere Art mit dem wilden oder eben grünen Mann verknüpft zu sein. Belege habe ich dafür allerdings bisher keine.

Eichelhäher

Herr Markwart ist der neugierige Warner vor Gefahr und Wächter der Waldgrenzen. Da er dem Herren der Wälder so eifrig neue Eicheln pflanzt, wird er neuerdings sogar in der Forstwirtschaft zur optimalen Eichenpflanzung beigezogen. Wer eine blauweisse Häherfeder findet, kann sich glücklich schätzen.

Eichhörnchen

Das Eichhörnchen ist ähnlich wie die Maus, aber wehrhaft, gar räuberisch und ein guter Kletterer. Oft erscheinen Eichhörnchen in zwiespältiger Natur oder zu zweit. Sein nordischer Archetyp "Nagezahn" wäre eigentlich gerne Vermittler zwischen dem Vogel Aar und dem Lindwurm "Nidhögg". Dabei ist es so hin und her gerissen, dass bis heute nicht klar ist, ob es sich um ein schwarzes und ein rotes, oder um ein und dasselbe Eichhörnchen handelt. Vielleicht ist das den Eichhörnchen selbst auch egal und sie verstecken derweil weiter emsig ihre Nüsse für den Winter.

Eisvogel

Er ist ein fröhliches, fliegendes Juwel. Dabei ist er durchaus auch ein etwas eitler, aber sympathischer Fischer. Von seinem kleinen Ansitz stürzt er sich wie ein Pfeil ins Wasser, um kleine Fische zu erbeuten. In seiner reinen Liebe ist er zumindest der Sage nach treu und vor allem stetig. Eine Verbindung zum Wesen des Fischerkönigs der Arthurssage ist nicht offensichtlich.

Elch

Ein eigentlich sympathischer Genosse, der aber ausgesprochen tollpatschig und wenn er ausser sich gerät, nahezu gefährlich werden kann. Besonders wenn er halbvergorene Früchte gefressen hat.

Elster

Die diebische Elster ist schon beinahe sprichwörtlich. Da sie dazu geschwätzig ist, liess sie das bei den Germanen zum Unglücksvogel werden. Im Japanischen Shinto hingegen gilt sie als mächtiger Glücksvogel, der Geburten oder grossen Reichtum ankündigt.

Esel

Der Esel ist keineswegs dumm oder faul. Er lässt sich nur nicht alles bieten. Und wenn er einmal einer Meinung ist, kann er auf seinem Standpunkt extrem stur beharren. Setze einem Esel einen Doktorhut auf, und Du hast einen Professor!

Eule, Uhu und Kauz

Weisheit und Würde verbunden mit einer gewissen Ruhe. Die Nachtgreifvögel gelten seit Urzeiten als Sinnbilder von Weisheit, kriegerischer Wehrhaftigkeit und Schutzgeister. Athene selbst kam oft in Gestalt einer Eule zu ihren Erwählten.

Falke

Horus, Sohn der Sonne, ist einer der kleinsten, aber auch schnellsten Greifvögel. Mutig, entschlossen und beherzt schlägt er seine Beute aus dem ungebremsten Sturzflug heraus. Er verschwendet keine Zeit an niedere Gedanken oder Hader, sondern tut ohne zu fragen, das in der Situation jeweils beste. Um den dazu notwendigen, sehr weiten Überblick zu erlangen, steigt er zunächst in grosse Höhe auf. Erst wenn er mit seinen extrem scharfen Augen, denen kein auch noch so kleines Detail entgeht, die Situation gesamthaft überblickt hat, handelt er. Ein edler Krieger und Heldenvogel eben. Auch die nordische Freya besitzt ein Falkengewand.

Fink

Die Finken sind allesamt lustige Gesellen. Dankbar nehmen sie im Winter unser Futter an. Wer genau auf ihre Gesänge und ihr Verhalten achtet, kann nicht nur das Wetter weit im voraus bestimmen, sondern erfährt manchmal spielerisch Brocken einer grösseren Weisheit.

Fischotter

Der schlaue Otter ist ein stets emsig jagender Gewässerbewohner. Dabei kommen auch Spiel und das Familienleben nie zu kurz. Er kann dank seines sehr dichten Fells unglaublich gut und lange, auch in eiskaltem Wasser tauchen. Im Wasser ist er in seinem Element und fühlt sich wohl. Dabei ist er Hüter grosser Weisheit und manchmal sogar eines Schatzes...

Fledermaus

Bei uns wird die arme Fledermaus wohl am ehesten mit Vampiren in Verbindung gebracht. Und das, weil sich einige ihrer Familienangehörigen tagsüber halt gerne in Höhlen, so auch Gruften verkriechen. Dabei ist die Fledermaus, von Ausnahmen abgesehen, durch und durch friedliebend. Ihr grösster Vertreter, der Flughund ist gar Vegetarier! Ihre Spezialität ist ihr Schrei: Mit ihrem Sonar ortet sie nachts zielgenau ihre Beute, meist kleine Falter, Mücken oder dergleichen. Sie fliegt ihnen so präzise hinterher, dass sie diese, ohne sie zu sehen, im Flug erhaschen kann. Ärger geht sie aus dem Weg und rettet sich lieber durch Verstecken, denn durch Verteidigung. Untereinander sind die Fledermäuse friedlich und sozial. Wenn Dir in Deiner Reise eine grosse Fledermaus begegnet, sei dennoch wachsam, denn viele der gefallenen Engel tragen ebenfalls Fledermausflügel.

Frosch

Jobbeschrieb jedes verwunschenen Prinzen: Anstatt sein eigenes, wahres ich auszuleben, wurschtelt er irgendwo am Grunde seines Brunnens oder seines Büros vor sich hin. Immerhin sind Frösche muntere Gesellen, die sich gerne auch zu Junggesellenchören zusammenfinden. Dass er so trotz intensivem "fröschischem" Liebesleben nie eine Prinzessin abbekommt, ist wohl klar. Um ihn zu verwandeln braucht's einen Kuss oder einen Wurf an die Wand. Das hängt vom jeweiligen Frosch ab. – Und eine wahre Prinzessin!

Fuchs

Meister Reinecke ist ein schlauer, stets auf seinen eigenen Vorteil bedachter Trickster. Durch seine eigenen Schlaubergereien kommt er dabei nicht selten in arge Bedrängnis. Für ahnungslose Gänschen oder doofe Hühner ist ein Fuchs, als ausgemachtes Raubtier jedoch immer eine arge Gefahr. Oh wie gerne wäre er so stark wie Wolf oder Bär, doch bei Konfrontationen mit diesen grösseren Räubern zieht er regelmässig den Kürzeren. Also sei vorsichtig, wenn Dir dieser silberzüngige Charmeur etwas andrehen will.... Frau Reinecke ist demgegenüber zwar auch eine Räuberin, doch mit einem grossen Herz für ihre Kinder.

Gämse

Die exzellente Kletterin in den steilsten Berghängen kennt auch die Standorte und Heilkräfte vieler magischer Alpenkräuter. Schon so mancher Hirte, Jäger und auch die Bergleute haben sie gut beobachtet, um ihre Geheimnisse zu erfahren.

Gans

Die Gans kann sowohl als Symbol für Eitelkeit, Wachsamkeit oder endloses Geschnatter gelten. Den Römern war sie bezeichnenderweise heilig (was Einiges über Römer aussagt).

Graureiher

Bei den Ägyptern war der Graureiher die grosse Form des "Vogel Benu" oder Phönix, der sich als Vogel der Sonne jeden Morgen neu aus den Flammen der Morgenröte erhebt. Er steht für den Neuanfang und die Zuversicht auch nach der totalen Vernichtung. Egal was kommt: Es geht immer weiter. Auf jede Nacht und jeden Tod folgt ein neuer Tag, ein neues Leben, da die Seele wirken kann. Das weiss auch die weise Frigg, Gemahlin Odins, deren Wappenvogel er ist. Wie sie kennt dieser schweigsame Geselle auch das Geheimnis um die Auferstehung und das ewige Leben.

Habicht

Ähnlich wie Falke und Sperber ist auch der Habicht ein Taggreifvogel. Im Gegensatz zu diesen verfolgt er seine Beute aber auch mitten ins Gestrüpp oder am Boden und hält sie mit seinen durchbohrenden Klauen so lange, bis sie tot ist. Kleine Singvogelnester reisst er gleich ganz mit. Der Habicht kann deshalb wohl als der Idealtyp des Verfolgungsjägers gelten, der aufgrund seiner Technik allen Wirbeltieren bis und mit zu Jungadlern gefährlich werden kann.

Hamster

Vorratshaltung und vollgestopfte Backen gehören ebenso zum Hamster wie seine schier endlose Emsigkeit. In einem Hamsterrad läuft er stundenlang geradeaus, ohne auch nur einen Schritt vorwärts zu kommen - Hamsters Fitnesscenter eben, denn "Fitneff muff fein" wie der Hamster sagt, und seine Backen weiter vollhamstert...

Haselmaus

Die Haselmaus ist der Freund aller Kinder. Aber den Winter verschläft sie, zu einer Kugel zusammengerollt. Ebenso den Tag, denn sie ist rein nachtaktiv.

Hase

Der Hase wurde seit jeher mit Fruchtbarkeit und einer gewissen Liebestollheit (besonders im März) in Verbindung gebracht. Dabei ist Meister Lampe eigentlich ein sehr schreckhaftes Fluchttier. Der Sage nach kennt er aber als Osterhase das Geheimnis des Frühlings und weiss demzufolge, wie man die im Winter versteckte Sonne in ihrem runden Kästchen ohne Schlüssel im Frühling wieder findet.

Hirsch

In der Gestalt des Hubertushirsches oder in älteren keltischen Sagen lehrt uns der König der Wälder, dass sich jegliches Unrecht am Schluss gegen uns selbst wenden wird. Der Gejagte sind wir selbst. Mit dieser Weisheit gelangt der Hirsch zu seinem Titel als Symboltier des Herne, friedfertiger Herr der Wälder.

Hund

Der Hund kann vieles sein, treu ergebener Diener, wahrer Freund oder falscher Köter. Von heldenmütigen und auch feigen Hunden weiss die Geschichte zu berichten. Tauchen sie jedoch in der Meute auf, so sind sie wie die Wölfe oft im Blutrausch. Im Vergleich zur Katze symbolisiert der Hund oft das männliche Prinzip.
Versperrt Dir ein Hund den Weg ins innere Königreich, so nimm sofern Liebe nichts nützt, eben einen Stab mit, und benutze diesen recht herzhaft....

Igel

Der Igel neigt zur Introvertiertheit – und zur Igelschläue. Er fürchtet nur wenige Räuber, denn sein Gewand besteht nur aus Stacheln. Bei Gefahr igelt er sich ein. Liebe machen Igel übrigens seeeehr vorsichtig – aber umso lautstärker...

Katze

Den Ägyptern war die Katze in ihrer Form als Bastet heilig. Auch einige keltische und nordische Göttinnen besuchen ihre Anhänger manchmal in Form von Katzen oder haben Katzen als Botinnen. Eine Katze hat einen ausgesprochenen Dickkopf, macht grundsätzlich was sie will, ist dennoch oft sehr anhänglich und verschmust und sehr feinsinnig. Wen wunderts, dass sie damit oft als eine Verkörperung des Weiblichen angesehen wird? Wenn Dir eine schwarze Katze den Weg versperrt, schnapp sie am Kragen und wirf sie weit weg. - Katzen landen immer auf den Füssen.

Kröte

Die Kröte ist in der Anderswelt meist Sinnbild menschlicher Gier und Hortens. In ihrer asiatischen Erscheinungsform als geldscheissende(sic!) und erbrechende Mammon wird sie heutzutage sogar als Figur verehrt. Na wem's gefällt! Mammon zwingt die Menschen durch Angst vor bitterer Not in die Sklaverei. Wer das Wesen der Kröte Mammon versteht, kann sie mit ein paar gezielten Ohrfeigen und Missachtung zur ewig dienstbaren Dienerin machen. Vorsicht: die Versuchung der Gier bleibt bestehen.

Kuckuck

Der Kuckuck ist, bekannterweise ein Anhänger der Patchworkfamilie. Dabei nutzt er die anderen Vögel, welche seine Brut grossziehen schamlos aus. Täuschung und Tarnung sind die Devise dieses hinterhältigen Federviehs. Dennoch kann Dir ein Kuckuck viel darüber beibringen, Dich nicht übers Ohr hauen zu lassen. Denn dem Kuckuck selbst hat noch niemand ein Kuckucksei gelegt.

Luchs

Der Luchs ist ein Lauerjäger, dabei heimlich und professionell. Viel mehr ist über ihn leider nicht bekannt.

Löwe

Der Löwe wird allgemein als König der Tiere beneidet. Allerdings nur so lange, bis er einem kräftigeren Männchen Platz machen muss und verstossen wird. Wer etwas über Schein, Sein und die Politik lernen will, der unterhalte sich mit einem alten Löwen...

Maulwurf

Kollege Grabowski ist eigentlich ganz zufrieden. Manche mögen ihn für beschränkt halten, doch weit gefehlt. Auf seinen unterirdischen Exkursionen begegnet er so mancher Wurzel und so manchem Stein. Er ist ausserdem ein guter Zuhörer und hat deshalb viele Freunde.

Marienkäfer

Der kleine kinderfreundliche Marienkäfer ist ein Bote der mächtigsten Wanen, oder gar der einen grossen Muttergöttin. Behandle ihn hier wie dort mit Respekt!

Maus

Mäuse sind klein und unauffällig. Sie wissen wie man sich unauffällig in einer nicht nur freundlichen Umwelt bewegt. Deshalb wissen alte Mäuse oft eine Menge und sind weise Ratgeber. Ausserdem mögen alle Mäuse Kinder. Es gibt aber auch ausgesprochen giftige, gar ansteckende Mäuse.

Meise/Singvögel

Fröhliche Boten der unbekümmerten Lebensfreude sind sie allesamt. Und geht einmal eine Brut daneben, dann probieren sie es eben unbekümmert noch einmal. Anstatt sich vor dem Winter zu fürchten, geniessen sie den Sommer.

Diejenigen, welche im Winter nicht nach Süden fliegen, verziehen sich wenigstens in etwas wärmere Regionen, nur um im nächsten Frühling ihr fröhliches Lied zu singen.

Wer die Unbekümmertheit lernen will, der ist bei den Singvögeln richtig. Erwarte nur selten Ernsthaftigkeit: Zukunftspessimisten oder nörgelnde Untergangspropheten können auch mal einen "kleinen weissen Fleck" von oben abbekommen...

Möwe

Möwen gibt es viele und so verschieden können sie uns auch erscheinen. Vom zanksüchtigen Schreihals bis zur philosophischen Weltreisenden. Manchmal stehen sie auch für unsere Sehnsucht nach dem Meer, Freiheit und Weite.

Murmeltier

Das Murmeltier ist Sinnbild des zufriedenen, wenn auch äusserst wachsamen Lebens. Stets aufmerksam ist es ein Kenner der Alpenkräuter und ihrer heilsamen Kräfte. Auch kann es uns beibringen, wann es Zeit ist zu arbeiten und uns Vorräte anzufuttern und wann die Zeit zu Ruhen gekommen ist. Pass auf: Das Murmeltier kennt nicht nur die Zwerge der Berge, sondern auch die mächtigen Berggeister und Riesen.

Pelikan

Dem Pelikan wurde angedichtet, dass er sich selbst für seine Jungen aufopfert. – Was für christliche Reisende im inneren Königreich einen sehr starken Bezug zu Christus persönlich darstellt.

Pferd

Das Pferd ermöglichte den Kelten erst ihre Kultur. In ihrer Gestalt als weisses Pferd erschien ihnen Epona, oder Rhiannon als Sinnbild des geduldigen Ertragens eines Schicksals. Aber Achtung: In ihrer Gestalt als weisse Stute oder vertreten durch ihre Hohepriesterin forderte die Muttergöttin mancherorts sogar dem Hochkönig öffentlich den Beweis seiner Manneskraft ab.

Rabenvögel

Weise ist der, dem sie Rat und Information bringen. Oftmals sind Raben gutartige und verspielte Gesellen, doch nicht immer. Odin selbst hat in seiner gereiften Funktion zwei Raben namens "Gedanke" und "Erinnerung". Stets befragt er Gedanke und verlässt sich auf den Rat von Erinnerung, bevor er schwere Entscheidungen fällt.

Ratte

Die Ratte ist nicht nur der Überbringer von allem möglichen Ungeziefer und Krankheiten. Sie liebt das heimliche Leben und weiss sich auch unter widrigsten Umständen – und sei es durch Auswanderung, stets zu vermehren. Eine alte, gesunde Ratte kann dabei durchaus ein starkes Krafttier sein.

Reh

Das Reh steht in der europäischen Sage als Sinnbild von Reinheit und Unschuld. Wer das Wesen der unschuldigen Sanftmut respektieren und achten möchte, ist beim Reh richtig. Alleine in der Wiese liegende Rehkitze unbedingt liegen lassen! – Die Mutter wird wieder kommen. Wie auch beim Lamm gilt: Wer das Wesen der Unschuld nicht respektiert, der kann sich unversehens dem Herr der Wälder, in seiner zornigen Form als Herne gegenübersehen.

Rotkehlchen

Ein immer munteres, meist gar nicht so scheues Vögelchen, welches aber ungeahnten Kampfesmut entwickelt, wenn sich ein Herausforderer in sein Revier wagt. Wer ein Rotkehlchen zum Freund hat, der macht sich keine unnötigen Sorgen, handelt aber beherzt sofern notwendig. Als Singvogel ist das Rotkehlchen ausserdem einer der Boten der Wanen.

Rotschwänzchen

Ein kleiner Ansitzjäger, welcher von Pfosten, Dachgiebeln und sonstigen Warten aus seine Beute im Fluge erhascht. Manche sehen in ihm die kindliche Version des Falken.

Rotmilan

Die Königsweihe ist ein ausserordentlich geselliger Vogel und guter Thermikflieger. Wahrscheinlich einer der entspanntesten der Greife.

Schaf

Als Friedenslamm ist es ein mächtiges Zeichen des Friedens. Wer ein Friedenslamm angreift, sieht sich bald dem erzürnten Löwen Zion gegenüber. Dabei ist es nicht klar, ob es sich um ein und dasselbe Wesen handelt. Vor allem weil sich das Schaf meist mehr durch seinen lammfrommen Glauben, als durch einen ausgeprägten Verstand auszeichnet.
Ist es jedoch ein gehörnter Bock, so kann er entweder der Bote eines alten Schöpfergottes oder der buchstäbliche Teufel im Schafspelz sein.

Schlange

Die Schlange wurde aufgrund ihres Giftes oft verteufelt. Dabei kann sie sowohl schönzüngige Verderberin, als auch mächtige Heilerin sein. Vermutlich gibt es nicht nur einen, sondern mehrere Schlangenarchetypen. Die weisse Schlange kann gar Botin der einen Erdgöttin sein. Kaiser Karl beispielsweise wurde von einer weissen Schlange, der er gegen eine böse Kröte geholfen hatte reich beschenkt. Zischt die Schlange jedoch böse, hat eine aggressive Zeichnung oder zeigt ihre Giftzähne, dann sei auf der Hut!

Schmetterling

Der Schmetterling ist ein unbeschwerter Geniesser. Vergessen sind die Tage als Raupe: Frei und unbekümmert gaukelt er im Rausch der Sinne von Blüte zu Blüte oder spielt mit Seinesgleichen. Seine Liebe ist kurz aber intensiv: Auf einer Blüte verbleibt er dabei nur kurz, schon zieht es ihn zur nächsten. So zerbrechlich er ist, so kurz ist meist sein Leben als flatterndes Juwel. Allerdings gibt es Schmetterlinge wie den Zitronenfalter, die sich, sobald der Winter kommt rechtzeitig verzupfen. Diese schlauen Kerlchen sieht man dann schon früh im nächsten Frühling herumflattern.

Schwalbe

Sif's Botin ist die Künderin des Sommers und des Wohlstandes zugleich. Fleissig und ununterbrochen jagt sie im Flug den lästigen Fliegen nach und zieht damit ihre Kleinen gross. Dabei ist die Schwalbe schlau: Sobald die Lebensumstände für sie unerträglich werden, zieht sie weit in den Süden. Nur um im nächsten Sommer zurückzukehren. Eine Schwalbe verliert auf ihren langen Reisen bis zum letzten Atemzug nie die Hoffnung und gibt niemals auf.

Schwan

Wer als kleiner grauer Schwan in ein Umfeld von schnatternden Enten geboren wird, der hat es zunächst nicht leicht. Er lernt sich nicht um das Geschnatter anderer zu scheren, sich nicht unter kriegen zu lassen und seinen eigenen Weg als strahlender Schwan zu gehen und die Kritiker von heute schon morgen in ihrer eigenen, beschränkten Welt zurück zu lassen.

Umso besser, dass kleine Schwanenküken auf dem Rücken der Eltern mitreiten dürfen. Germanische Opernhelden wie Wagners Lohengrien machen das schliesslich auch. Schwäne sind ausserdem so was von romantisch – tendieren dabei aber hin und wieder zu einer gewissen Eitelkeit. Als rein weisser Vogel symbolisieren sie die unbefleckte Einheit mit dem Einen.

Siebenschläfer

Wer schon einmal einen Siebenschläfer aus der Hausisolation geschält hat, der weiss, für was das Tierchen steht: Behaglichkeit und unschuldige Gemütlichkeit pur. Bloss nicht überarbeiten, die Mehrheit des Jahres gemüüüütlich eingerollt verschlafen.

Skarabäus

Erscheint Dir ein Skarabäus, ein Smaragd des Himmels, so sei dankbar und folge seinem Flug, denn er ist der Bote des Himmels und der Sonne selbst.

Für alle fanatischen Entomologen unter uns: In unseren Breitengraden kann jeder maikäfergrosse, grüne fliegende Käfer die Rolle des heiligen Skarabäus einnehmen, obwohl der "heilige Pillendreher" (Scarabaeus sacer) schwarz ist.

Specht

Ein toller Specht klopft an jeden Stamm. Dabei ist der Specht nicht nur Sinnbild für einen Freier, sondern auch für ein besonders scharfes Auge. Hat er in der Borke ein Bohrloch erspäht, so trommelt und hackt er sich bis zum Holzwurm vor. Daher wohl auch die Sage, dass Spechte die Verwendung der Pflanze "Spechtwurz" (Diptam) kennen, mit der sie jedes verschlossene Kästchen öffnen können. Er kann Dich auf potenziell gefährliche, unauffällige Details hinweisen.

Sperber

Der Sperber ist der Singvögel Verderben. Hat er mit seinen scharfen Augen sein Opfer ausgemacht, verfolgt er es, nach einem versteckten Anflug, mit unglaublicher Wendigkeit bis in die dichteste Hecke hinein. Seinem aufmerksamen Blick entgeht nichts. Sperbern heisst deshalb auch das vorsichtige, verdeckte Ausspähen.

Sperling

Auch Spatz genannt, ist ein ausgesprochener Kinderfreund. Lauthals tschilpend, meist wie eine Kinderschar im Kleinschwarm auftretend und immer frech ums Haus herum. Wie die Kinder auch schlägt er sich bevorzugt mit geklauten Kirschen oder Beeren den Bauch voll, nur um dann ein genüssliches Sandbad zu nehmen.
Oh, wen die Sorgen schwer drücken, der wende sich an den Spatzen. Der wird ihm die unbekümmerte Leichtigkeit des Lebens zurückgeben. – Wer keine Spatzen mag, auf den pfeift der Spatz übrigens.

Spinne

Wer hat Angst vor Spinnen? Das Betäuben, Umgarnen und Einspinnen ist auf jeden Fall, abgesehen von Springspinnen, ihr Metier. Aber nicht alle Spinnen im inneren Königreich sind missmutige Giftsäcke. Es gibt da auch durchaus einige ältere Damen, die ihr Wissen um die Gifte zur Heilung einsetzen. Allerdings mögen sie meist keine Männer. Obwohl es wie immer im Tierreich auch da äusserst charmante Ausnahmen gibt!

Star

Wenn ein Handy aus dem Baum klingelt, so handelt es sich wohl um den Komiker unter den Vögeln: den Star. Als treuer Zugvogel imitiert er so ziemlich jeden Ton seiner Umwelt, vom Presslufthammer bis zum Alphorn. Jeweils zur Zugzeit sind sie in grossen, lustigen Konferenzen auf den Stromleitungen zu sehen und berichten sich das Neueste vom Jahr. Raben und Krähen sind oft ihre Freunde. Stare sind daher stets gut informiert über das Geschehen in dieser und der anderen Welt.

Steinbock

Gutmütig sind sie ja die Steinböcke. Und dabei sehr neugierig und unglaublich stur. Wahre Bergler eben. Da kann schon einmal grossmäuliger "Flachlandtiroler" den Berg runter geschupft werden. Der Steinbock ist auch im kargsten und allersteilsten Gelände ganzjährig sicher unterwegs. Sein Geheimnis liegt in der Ruhe und des Bewusstseins seiner Kraft selbst.

Storch

Es ist Vater Adebar, der mit seinem langen Schnabel die Seelen der ungeborenen Kinder aus dem Seelenbrunnen fischt, bevor er sie zu den Müttern trägt. Wenn Du einen Kinderwunsch hegst, dann frag den Storch um Rat. Der Storch neigt zur vornehmen Aristokratie. Die Geheimnisse dieser und anderer Welten sind ihm bekannt. Schliesslich ist er ein weit gereister Glücks- und Zugvogel.

Sturmvogel

Der Sturmvogel gilt nicht nur bei Seefahrern als gefürchteter Bote von herben Stürmen und Wirren. Ihm selbst ist jeder Sturm recht, denn er weiss, wie er jeden Wind zu seinem Vergnügen nutzt.

Taube

Die Taube gilt als Friedensbotin par excellence. Eigentlich schon erstaunlich, wie sich dieses wehrlose, absolut friedfertige Vögelchen sehr erfolgreich bis mitten in unsere Städte ausgebreitet hat. Wer mal einer Taube in die Augen geschaut hat, der wird feststellen, dass sie genau so schwarz sind, wie die eines Falken.
Die Taube hat sich bewusst zur Friedfertigkeit und zur Anpassung entschieden und ist sehr erfolgreich damit. Oder wie viele Falken, dessen Opfer sie oft wird, hast Du in der Grossstadt schon gesehen?

Ur/Auerochse

Der Stier oder auch sein Vorgänger, der Auerochse werden sehr oft mit dem Ackerbau und der beginnenden Sesshaftigkeit in Verbindung gebracht. Durch seine testosterongeladene Rohkraft wurde erstmals Mutter Erde mit Gewalt gepflügt und urbar gemacht. Ein Vorgang, der aus druidischer Sicht durchaus mit einer Vergewaltigung gleichzusetzen ist. Der rote Stier tritt deshalb oft auch im Gegensatz oder in seiner gezähmten Form als harmonische Ergänzung zum weissen Pferd auf. Bitte nicht mit Bison oder Wasserbüffel verwechseln!

Wespe/Hornisse

Diese kleinen Trolle können, im Gegensatz zur Honigbiene, mehrmals zustechen ohne zu sterben. Dafür sind sie wesentlich friedlicher als diese - Sofern man ihr Wespennest in Ruhe lässt. Wer aus Versehen in ein Wespen- oder Hornissennest tritt, der wird feststellen, dass diese kleinen Ritter ihr Heim entschlossen und vehement verteidigen und rächen. Durch ihre Färbung geben sie sich deutlich selbstbewusst und siegessicher. Selten symbolisieren sie einen störenden Angriff durch viele kleine Lästigkeiten. Die Zuordnung zu Schaden und Faulheit erscheint mir jedoch nicht nachvollziehbar.

Wiedehopf

Der Wiedehopf weiss sich zu helfen. Wenn man seinem Nest zu nahe kommt, zischt er zuerst wie eine Schlange und scheisst dann dem Angreifer auf den Kopf. Das hat schon so manchen Marder vertrieben. Der "Huphupvogel" ist damit ein geeignetes Sinnbild der wehrhaften Standhaftigkeit lästigen Nachbarn gegenüber. Die mittelalterlichen und Ovids Interpretationen als Sündenvogel hatten im keltischen Kulturkreis keine Bedeutung.

Wildschwein

Das Wildschwein in seiner Form als "Goldborste", des Naturgottes Freyr Reittier, ist die Verkörperung der natürlichen, ungebändigten Lebenspotenz der Natur, insbesondere der Tierwelt. Die lustvolle Erneuerung allen Lebens und das Leben im vollen Genuss desselben, ist die Energie des Wildschweins.

Wer die eigene Lebenslust verneint oder bekämpft, befindet sich oft auf der eigenen wilden Jagd gegen sich selbst. Dabei ist ein alter Keiler nicht nur ein fürchterlicher Gegner im Kampf, sondern auch ein wurzelweiser Ratgeber in allen Lebenslagen.

Eine Muttersau, Bache oder "Mohre" genannt ist nicht nur eine geduldige und liebevolle Mutter, sondern beschützt ihre Sprösslinge unter Aufbietung aller Mittel. Dann kann aus einer betulichen "Gemütsmohre" eine rasende Furie werden. Also: Finger weg von Frischlingen sowohl im Diesseits wie im Jenseits.

Würmer/Insekten

Alles was aus Pandoras Büchse stammt, ist, von wenigen Ausnahmen abgesehen, beinahe immer ein Anzeichen von Krankheit und Verderben. Insbesondere wenn es als wimmelnder Haufen oder Schwarm auftritt. Du kannst es entweder mit Feuer bekämpfen, oder Dich mit einer Schutzhülle umgeben.

Insekten und Würmer sind mit die gefährlichsten Gegner im inneren Königreich. Oft zeigen sie uns eine starke Verunreinigung durch viele kleine negative Handlungen, Gedanken oder sonstige, lebensfeindliche Angriffe oder Verunreinigungen von innen oder aussen.

In dieser Welt gehören auch die, von blossem Auge unsichtbaren Viren und Bakterien dazu.

Ist einmal eine Verunreinigung durch diese Lästlinge eingetreten, hilft nur noch das innere reinigende Feuer, um die sie verursachenden negativen eigenen Wesenszüge, restlos raus zu brennen.

Kehren sie immer wieder und Du wirst sie in Deinem inneren Königreich nicht los, so suche einen wirklich guten Heiler und nicht irgendeinen Psychoonkel auf.

Wolf

Der Wolf weiss alles übers Karriere machen: Schneller Erfolg und Macht innerhalb des Rudels sind für ihn überlebenswichtig, will er nicht als Prügelknabe enden. Dabei kennt er alle Kniffe und Tücken, um nach oben zu kommen. Modern würde man wohl von Mobbing sprechen.

Ein ganzes Rudel Wölfe ist ein fürchterlicher Gegner, da sie nach einer langen Hetzjagd immer von mehreren Seiten gleichzeitig angreifen. – Ähnlich wie Beamte im Rudel.

Eine ganz andere Sache ist demgegenüber die Erscheinungsform als einsamer Wolf. Er verkörpert oft den einsamen, edlen Jäger, der sein Leben, gereift an demselben, einsam aber frei fristet. Denn der Wolf ist kein Hund: Er will frei sein. Von ihm gibt es viel über Schein und wahre Werte zu lernen. So ist der Wolf auch das Wappentier des vom wilden Wuotan gereiften, weisen Odin.

Zaunkönig

Klein, flink, wendig und emsig hüpft der Zaunkönig im Unterholz der Hecken umher. Fast zu klein um ihn ernst zu nehmen, ist er dennoch ein König, vor dem sich sogar der Adler (aus freien Stücken) verbeugt. Seine Fröhlichkeit, Bescheidenheit und Zuversicht sind in der Tat eines Königs würdige Inspiration. Was ihm an Grösse oder Kraft fehlt, gleicht er durch Witz, Inspiration und Geistesgegenwart aus. Nur Katzen mag er nicht.

Ziege

Eine Ziege meckert, was soll sie auch sonst tun? Und melken lässt sie sich meist gar nicht gern. Die Neugier der Ziegen ist sprichwörtlich: Alles was nicht niet und nagelfest ist, wird neugierig beknabbert. Deshalb kennt sie jedes noch so kleine Kräutlein und dessen Wirkungen. Was einer Kuh oft entgeht, das findet die kluge Ziege versteckt unter einem Stein oder in der Höhe.

Anders als das Schaf fühlt sie sich den Gämsen und den Steinböcken verwandt und ist bis in grosse Höhe berggängig. Wie diese liebt sie Salz in jeder Form. Was zunächst wie ein Ziegenbock aussieht, kann sich bei näherem Hinsehen in einen Satyr oder Faun verwandeln.

Mythologische Wesen

In Deinem inneren Königreich kann jedes Wesen auftreten, das Du Dir vorstellen kannst. Schliesslich bist Du darin der König.

Deshalb wundere Dich nicht, wenn Dir auch Wesen aus der Mythologie verschiedenster Weltreligionen begegnen. Es sind uralte, archetypische Wesen, deren Charakter und Art sie zu äusserst seltenen und wertvollen Lehrern oder Helfern machen können.

Selbstverständlich zähle ich jetzt nicht alle Wesen der Anderswelten auf. – Es wären zu viele. Deshalb in der Folge eine kleine Auswahl.

Wesen des Christentums

Engel

Es gibt sie nicht nur im Christentum, sondern seit ersten ägyptischen Darstellungen der geflügelten Maat auch im Zoroastrismus, den mesopotamischen Religionen, im Judentum und im Islam.

Engel begleiten und leiten nach dem Glauben der Mystiker, sofern wir achtsam sind, jeden unserer Schritte zum Guten. Es sind mächtige, lichterfüllte Helferwesen, welche meist in geflügelter Menschengestalt ohne definiertes Geschlecht erscheinen.

Oft stehen sie denen bei, die sich nicht selbst helfen können: Kinder, Alte, Kranke, Behinderte und Leidende können in Zeiten der bittersten Not auf ihre subtile, kaum merkliche Hilfe bauen. Wenn Du Dich in Dein inneres Königreich begibst erschrecke also nicht, wenn Dir Dein persönlicher Schutzengel erscheint.

Du hast sicher schon diese alten Schutzengelbilder für Kinder gesehen: Als ein kleiner Funke schwirren sie ständig über dem Kopf ihres Menschen mit. Je weniger ein Mensch für sein drohendes Unglück verantwortlich gemacht werden kann, desto mehr werden sie es von ihm abwenden. Das kann mitunter sehr weit gehen. Wer allerdings bewusst Mist baut, der darf sich dann nicht bei seinem Schutzengel beschweren!

Ob dir jetzt ein sechsflügliger Seraphim, ein tiergestaltiger Cherubim oder sehr selten ein seltsamer Wanderer, der sich als "Elohim" vorstellt erscheint, ist eigentlich nicht so wichtig.

Doch aufgepasst: Der grösste aller Engel ist einst durch Überheblichkeit gefallen, und mit ihm eine ganze Menge anderer Engel. Er ist nun als "Lichtbringer" oder Luzifer, seine Scharen als Dämonen bekannt. Es ist ihnen erlaubt, die Menschen mit allen Mitteln, so auch Verstellung, Lüge und Betrug zu versuchen. – So kann man sie auch von Engeln unterscheiden. Wenn Dich ein Engel zu etwas auffordert, Dir schmeichelt oder lügt, dann sei also auf der Hut! Ein Engel wird immer liebevoll versuchen, Deiner Seele zur reinen Liebe zu verhelfen, niemals lügen und Dich nie versuchen.

Die Engel selbst sind nach jüdisch/christlichem Glauben in drei, kugelförmigen Sphären um Gott herum organisiert. Am nächsten bei Gott stehen (oder schwirren) die Erzengel oder Cherubim Michael, Gabriel und Raphael, sowie eventuell Uriel.

Sie nehmen zuweilen die Form tiergestaltiger oder tierköpfiger, geflügelter Wesen an und stehen mindestens seit babylonischer Tradition nicht nur für die vier Urkräfte oder kardinalen Himmelsrichtungen, sondern mit den vier Evangelisten auch für vier mögliche Wege zur Seligkeit. Diese Vierteilung ist viel älter als das Christentum, ja älter als das Druidentum und verliert sich im Nebel des Urschamanentums.

Geflügelter Erzengel in Löwenform

Der geflügelte Löwe kommt nicht nur im antiken Babylon, sondern auch als eines der vier Wesen aus der Vision des Ezechiel sowie als Symbol für den Evangelisten Markus vor. Als Symbol des Südens, Himmelsrichtung des Zeniths, der Sonne und der Wirkkraft kann er Dir viel über die Hitze der Macht und den weisen Umgang mit derselben beibringen. Im Zenith ihres Wirkens, im Sommer ihres Lebens werden die Menschen oft überheblich. Der geflügelte Löwe kann Dir auch beibringen, wie ein wahrer König der Tiere mit Macht umgeht.

Geflügelter Erzengel in Adlerform

Der Adler des Evangelisten Johannes war zu Beginn nicht Bestandteil der ursprünglichen Triade, doch ergänzt er diese sinnvoll um das Element Luft. Er steht für die Zukunft des Ostens. Die Kraft des Neuen hat ihren Sitz im Osten, dort wo die Sonne aufgeht. Ihre Jahreszeit ist der Frühling. Mit seinen scharfen Augen sieht er als erster die Sonne und eine neue Zukunft heraufziehen. - Wenns ihm nicht passt, so fliegt er eben weiter. Durchaus wehrhaft vermeidet der König der Lüfte jedes unnötige Gefecht und geht, pardon fliegt ihm lieber aus dem Weg. Seinen eigenen Weg konsequent gehen, ohne sich den Angriffen der Krähen auszusetzen, dabei spielerisch die Winde der Zeit auszunutzen, anstatt mit der Welt zu hadern, ist eine der Lektionen des Erzengels in Adlerform.

Geflügelter Erzengel in Tauben oder Menschenform

Der Engel des Evangelisten Matthäus steht für das Element Wasser, denn jeder Mensch muss, um ganz zum Menschen zu erwachen eine Initiation, im Christentum die "Geburt aus Wasser und Geist" absolvieren. Die Kraft und der Weg des Geistes ist es, die Dir dieser Engel nahe bringen kann. Sei es religiös oder wissenschaftlich. Der aus Geist und Wasser geborene Engel bringt Dir bei, weshalb die Mächtigen dieser Welt eben keine Wissenschaftler oder Priester sind.

Durch bescheidene Hingabe verwandeln sie jedes Jammertal in einen glitzernden See. Wie Du die Grenzen geistiger und sonstiger Staudämme mit Beharrlichkeit sprengen kannst und gleichzeitig mit dem Weg des geringsten Widerstandes Dein Ziel erreichst, dies zeigt Dir der blaue Engel des Nordens in Stille und Friedfertigkeit

Geflügelter Erzengel in Stierform

Als Symbol für den Evangelisten Lukas steht dieser Erzengel für bodenständige Arbeit und den anständigen Umgang mit der Erde. Er kann Dir viel über die unbändige Potenz, urgewaltige Kraft und den sorgsamen, gezähmten Umgang mit derselben zeigen. Geduld, Mässigung und Friedfertigkeit lassen ihn zum weissen, geflügelten Stier werden. Seine Himmelsrichtung ist der Westen, das Land der Toten unter der Erde, wohin auch die Sonne am Abend geht. Damit ist seine Jahreszeit der Herbst, wenn die Felder abgeerntet sind und die Erde wieder zum Vorschein kommt. Selig kann man auch werden, indem man sich nicht gegen sein Schicksal stemmt, sondern es willig ausfüllt.

Wenn die Energien aller vier obiger Erzengel zusammenkommen, so erscheint in ihrer Mitte nach christlicher Sichtweise das reine Göttliche. Im Fall der Evangelisten wäre das dann Jesus. Bei den Symboltieren ist es das Friedenslamm Gottes und bei den Engeln vielleicht, mit sehr viel Glück ein sehr alter Wanderer, der sich auf Deine Heimkehr freut. Doch das ist ein heiliges Thema, welches ein Leben der Hingabe oder den Zustand der extatischen Entrückung erfordert.

Heilige

Wenn Dir Heilige egal welcher Glaubensrichtung erscheinen, so handelt es sich um die Geistform von verehrungswürdigen Menschen. Anbeten ist fakultativ! Du kannst sie aber um Rat, Inspiration oder ein Beispiel bitten. Tiefe Dankbarkeit und ernsthafte Annahme des Rates ist dann angezeigt. Ein richtiger Heiliger wird Dich nicht drängen, irgend etwas zu tun oder zu unterlassen, sondern Dich so annehmen, wie Du bist und Dir mit Liebe und Geduld seinen Rat zuteil werden lassen.

Hinduistische Wesen

Die hinduistische Glaubenswelt ist geradezu erfüllt von einer Unzahl von Geistwesen. Dabei spielen regionale und lokale Gottheiten eben eine so tragende Rolle wie die Schutzgeister des Alltags. Das fängt beim Herd an und hört bei Handy und Motorrad noch lange nicht auf. Durch Opfergabe und Gebet im Alltag, sogenannte Pujas sollen sie gnädig gestimmt werden. Abgesehen von dieser volksnahen, eher animistisch schamanischen Variante des Hinduismus in all ihrer Schönheit und mit all ihren Schattenseiten gibt es den klassischen Hinduismus, welcher auf der uralten Dreiteilung alles Seins in Schöpfung, Erhaltung und Zerstörung basiert. Jede dieser drei Phasen hat in jedem Zeitalter ihre Berechtigung und ihre Zeit. Jede hat ebenso ihre lichte, wie auch ihre Schattenseite. Diese drei Kräfte sind im Hinduismus, personifiziert durch eine Dreiheit sich ergänzender Paare in vielen Inkarnationen, in den fortlaufenden Rhythmus aus Schöpfung, Bewahrung und Zerstörung verwoben.

Vishnu

Vishnu ist Substanz und Erhaltung des Kosmos. Ursprünglich durchdrang er als vedischer Sonnengott das Universum mit seiner Wärme und vermass in drei Schritten den gesamten Raum. Am Ende seiner Suche erkennt er durch Verwurzelung im Grund des Seelenmeeres seine eigene Göttlichkeit. Dadurch entfaltet sich seine Lotosblume und sein göttliches Wirken beginnt.

Vishnu ist der einzige hinduistische Gott, der sich aus Liebe zu den Wesen dieser Welt in dieser zu inkarnieren pflegt. Aus hinduistischer Sicht umfassen seine Inkarnationen nicht nur Formen als Fisch, Schildkröte, Eber und Löwe, sondern auch als Rama, Krishna, Buddha und nach Sichtweise mancher Gelehrter sogar als Jesus. Sein Ziel ist das Wohlergehen aller Wesen und der Schöpfung insgesamt.

Seine weibliche Seite, erhaltende Kraft oder "Shakti" ist Lakshmi, die Hüterin von Wohlstand, Schönheit und Fülle, Hüterin aller Pflanzen. Sie inkarniert sich ebenfalls, um ihrem Gatten nahe zu sein.

Über die Abenteuer Vishnus und Lakshmis in ihren verschiedenen Inkarnationen wurden eine Unmenge von Epen, von der Bhagavad Gita bis hin zu Schriften aus anderen Glaubensrichtungen in einer Unzahl von mehr oder weniger gescheit kommentierten Formen herausgegeben.

Brahma

Der viergesichtige Brahma ist die Schöpfungskraft, welche aus Vishnu durch Erkenntnis der eigenen Göttlichkeit in Form einer Lotosblume erwächst. Gemäss hinduistischer Auffassung ist jede Seele göttlich[25]. Dies zu erkennen und anzunehmen, ist Aufgabe jedes Einzelnen.

Nach hinduistischer Lehre erschafft Brahma in Meditation in dieser Lotosblume sitzend, fortlaufend sein eigenes, inneres Königreich – unser Universum.

Er ist der Schirmherr aller hinduistischen Priester, der Brahmanen. In Meditation mit ihm kannst Du viel über die Art und die Schönheit Deines eigenen inneren Königreiches erfahren. Das Symboltier Brahmas ist die Gans.

Seine Gattin oder sein weiblicher Aspekt Saraswati, verkörpert als Teil der weiblichen Dreiheit (Trimurti) Reinheit, Weisheit, Gelehrsamkeit und Inspiration. Ihr Symboltier ist der weisse Schwan.
Sie ist die weibliche Kraft Brahmas. Ohne sie wäre er schlicht nicht Brahma. Dieses Verhältnis aus Kraft und Umsetzung gilt auch für Vishnu und Shiva.

Wer die Weisheit Saraswatis und das Wesen Brahmas erkannt hat, der wird leicht in alle inneren Welten reisen können.

---

25 „Brahman is Atman" bedeutet in etwa „Göttlich ist der Kern der Wesen".

Shiva

Ist nicht einfach ein kiffender Hippiegott, sondern im Gegenteil eine der ältesten Urgottheiten der dravidischen Hochkultur![26] Seine Aufgabe ist nicht nur die Zerstörung, sondern die laufende Veränderung innerhalb der Zeit. Er ist der Herr des Fortschritts, ebenso wie des dazu notwendigen Vergehens. Wie die Zeit selbst, so bezwingt er jedes Gift und jede Ungerechtigkeit mit der Zeit.

Die Zeit selbst ist sein immerwährender Tanz. Er selbst hat über tausend verschiedene Namen und mindestens ein Dutzend verschiedene Aspekte. In seinen Haaren befinden sich der Mond als Zeichen von stetigem Wachsen und Vergehen, sowie die Quellen des Flusses der Zeit, des Ganges. Sein Symboltier ist die Schlange. Was den Brahmanen die Übereinstimmung von Brahma und Atman, ist den Shivaiten die harmonische Vereinung von Shiva und seiner Shakti Parvati. Da ist es nur logisch, dass er von den Shivaiten oft in Form eines Lingams, ruhend in einer Yoni verehrt wird.

Seine Parvati selbst kann in verschiedenen Formen von der liebenden Mutter Amma, in Meditation als Baum, bis zur rächenden schwarzen Kali erscheinen. Ihr Symboltier ist der Löwe. Oft werden Shiva und Parvati mit ihrem Sohn Ganesh als göttliche Familie dargestellt.

Wer Shiva verstehen will, der soll das Wesen der stofflichen Versuchungen des Vergänglichen verstehen und Askese üben bis er den einen wahren unvergänglichen Wert, nämlich die unvergängliche Liebe allem Seienden gegenüber erkennt, anstatt sich mit stofflichen, samsarischen Drogen den Verstand zu benebeln!

---

26   Wenn jemand beim Wort „Draviden" an „Druiden" denkt, so denkt er richtig, insbesondere was deren nördliche Stämme, die in der Völkerwanderung nach Norden und Westen aufgingen angeht.

Wesen des Buddhismus

Der Buddhismus ist eine vielfältige Philosophie, teils religiöser Prägung zum Dasein und Daseinszweck der Menschen. Wie in allen grossen Traditionen ist auch hier die Vervollkommnung das Ziel. Dadurch endet nach buddhistischer Lehre die Notwendigkeit nach Wiedergeburt.

Das Einswerden mit dem Nirwana ist mit endgültiger Erleuchtung und dem christlichen "Eingehen in Gott" gleichzusetzen. Dabei helfen den Buddhisten eine ganze Menge von geistigen Helfern.

Es würde den Rahmen dieses Werkes sprengen, sie alle aufzuzählen. Deshalb beschränke ich mich hier nur auf die Hauptkategorien und zwei Beispiele von Wesen, die Dir im inneren Königreich begegnen können.

Buddhas

Ein Buddha ist ein Erwachter.[27] Jemand der vollständig verstanden hat, dass es in dieser Welt keine vollständige Absenz von Leiden geben kann und die zur endgültigen Erlösung führende Lehre wieder entdeckt hat.

Ob dies durch Selbsterkenntnis oder durch das Studium einer religiösen Lehre erfolgte, ist ebenso unerheblich als ob er diese Erkenntnis weiter vermittelt oder für sich behält. Eigentlich ist jeder von uns ein Buddha, nur wissen es die wenigsten. In der Anderswelt kann jedes Wesen, das den Pfad vom Loslassen hin zur endgültigen selbstlosen Glückseligkeit kennt, salopp als Buddha bezeichnet werden. Und irgendetwas lernen kann man von jedem Wesen...

Arhats

Ein Arhat ist ein buddhistischer Heiliger, der sich durch Loslassen von negativen Charaktereigenschaften und Emotionen sowie Anhaftungen an Weltliches aus dem Kreis der Wiedergeburten gelöst hat.

Er inkarniert sich nicht mehr, kann Dir aber als geistiges Wesen in Deinem inneren Königreich bei der Überwindung der Verhaftung im Stofflichen behilflich sein.

---

27   Nicht zu verwechseln mit dem historischen Buddha, welcher diese Lehre zum ersten Mal verkündete.

Analog der nordischen Tradition sind es die eigenen Ewartungshaltungen und Verhaftungen, welche uns am Glücklichsein und der echten Selbsterkenntnis hindern.

Wer erkennt, dass es da nichts zu erkennen und nur zu lieben gibt, der ist frei, solange er in dieser Erkenntnis verweilt.

Bodhisattvas

Ein Bodhisattva ist ein vollständig Erleuchteter, also Arhat der sich freiwillig wieder inkarniert, um anderen Wesen zur Erleuchtung zu verhelfen. Je nachdem durch Beispiel, oder als Lehrer. Es ist äusserst selten, dass Dir ein Bodhisattva im inneren Königreich erscheint, denn meist sind sie ja in einer Realität inkarniert. Es kann aber sein, dass Du die Bekanntschaft der Geistform einer vergangenen Inkarnation eines Bodhisattvas machst und von dessen Lehren und Weisheit schöpfen kannst.

In diesem Fall lohnt es sich, analog einem christlichen Heiligen, nach der Meditation möglichst viel über die Lehren und das Wesen dieser Person in Erfahrung zu bringen.

Avalokiteshvara

Der Bodhisattva des Mitgefühls. Je nach Tradition und Region wird er männlich oder weiblich dargestellt.
Er hört die Klagen der leidenden Wesen und ist bestrebt, ihnen zur Befreiung aus dem Kreis von Geburt und Sterben zu verhelfen. Sein Mantra ist das weit bekannte "OM Mani Padme Hum"[28].

Da er äusserst effizient dabei ist, Wesen bei ihrem Weg zur Erleuchtung zu helfen, ist es nicht ausgeschlossen, dass Du ihm im inneren Königreich begegnest. - In welcher seiner oder ihrer Gestalten auch immer.

---

28 Frei übersetzt: „Friede sei mit allen Wesen" oder „Friede sei im inneren Lotos der Seele aller Wesen". „Manipadma" bedeutet ursprünglich „Juwlen-Lotos" einer der Namen Avalokiteshvaras in weiblicher Inkarnation.

Tara

Tara, ursprünglich eine Göttin der Sterne, gilt den Buddhisten als die ausschliesslich weibliche Personifizierung des Mitgefühls des Avalokiteshvaras.

Im Gegensatz zu Mitleid befähigt Mitgefühl anderen Wesen zu helfen, ohne von diesen ausgezehrt zu werden.

Insbesondere in ihrer Form als weisse Tara kann sie Dir helfen, Dein inneres Königreich klarer zu sehen und in Einklang mit Deiner Realwelt zu bringen.

Durch die pure Kraft des Mitgefühls hilft sie Dir die acht grossen Versuchungen des Lebens, Stolz, Zorn, Verwirrung, Gier, Verblendung, Eifersucht, Geiz und Zweifel zu überwinden. Durch Mitgefühl kannst Du über deinen eigenen Schatten springen.

Damit ist sie eines der mächtigsten Wesen, wenn es darum geht, gegen innere Dämonen zu kämpfen, welche unseren Fortschritt behindern. Der eigene Schatten, die eigenen schlechten Angewohnheiten und niederen Charakterzüge sind oftmals die hinterhältigsten Gegner im inneren Königreich. Ja es sind diese dämonischen Entitäten, welche uns sogar mit aller Macht davon abhalten wollen unser eigenes Königreich zu betreten. Tara ist es dann, welche uns im realen Leben sanft daran erinnert, dass es noch höhere Ideale gibt, als diejenigen der Dämonen. Sie führt uns sanft auf dem Weg des mitfühlenden Herzens in unser eigenes Königreich und hift uns dabei, es von dämonischen Anhaftungen zu befreien.

Sie ist im Hinduismus, der sich in weiten Teilen mit dem Buddhismus überschneidet als ein Aspekt Shaktis bekannt. Da sie das mitfühlende Wesen von Licht in Wasser verkörpert, verwundert es nicht, dass sie in fünf verschiedenfarbigen sowie einundzwanzig verschiedenen Regenbogenformen auftritt. Je nach Farbe verkörpert sie dabei einen anderen Aspekt des Mitgefühls. Ihr Mantra lautet: "Om Tare Tutare Ture Soha"[29].

---

29   „Friede: Vor Dir ehrwürdige Tara, Retterin aller Wesen verneige ich mich."

Wesen des keltischen Glaubens

Der keltische Glaube war seit der ersten Wanderungsbewegung aus dem fernen Osten sehr stark von regionalen und lokalen Geistwesen und Gottheiten geprägt. Als teilweise animistische Religion sprachen sie auch den Elementen, Tieren, Steinen, Bäumen, Quellen, Bergen, ja sogar Alltagsgegenständen eigene Gottheiten oder Schutzgeister zu. – Genau gleich wie noch heute bei den Hindus. Sogar das keltische Wort für Gottheit "Devo" oder "Divo" ist dasselbe wie bei den Hindus "Deva". Diese Orts- oder Gegenstandsgottheiten wurden ähnlich den hinduistischen Devas oder den japanischen Kamis individuell verehrt. So mochte beispielsweise eine Quelle gleichzeitig Verehrungsort einer ganz speziellen Quellnymphe, als auch der Quellgöttin, sowie der Urmutter im Allgemeinen sein.

Die Kelten teilten, wie die Hindus heute, beinahe alle ihre Gottheiten in sich gegenseitig ergänzende Paare. Erst in der Zweiheit sind sie ganz.

Die Druiden waren sich zudem der Präsenz eines alle Aspekte vereinenden Allvaters bewusst. Wie das Licht auch, kann dieser auf verschiedene Art in drei sich gegenseitig bedingende Grundfarben oder Grundaspekte aufgeteilt und lokal anders interpretiert werden. - Verständlich, dass die griechisch-römisch geprägten Römer da den Durchblick nicht mehr hatten.

Um einen ersten Einblick zu ermöglichen, hier eine unvollständige Liste von allgemein überregional oder gar gesamtkulturell bekannten, klassisch keltischen Gottheiten.

Du kannst in der Anderswelt vereinfacht Kontakt mit ihnen aufnehmen, wenn Du Dich in dieser Welt an dem jeweils entsprechenden Wesen geweihte Orte begibst. Wenn Du mit einer Quellnymphe sprechen möchtest, dann begib Dich an eine Quelle. Wenn Du dich mit einem Flammenwesen unterhalten möchtest, schau in eine Kerze oder entfache ein Lagerfeuer.

Belenus oder Belenos

Der klassisch gallisch-keltische Gott. Er war nicht nur Heilgott, sondern auch Gott der quellenden Manneskraft und der religiösen Extase durch Einnahme des ihm geweihten Bilsenkrautes.[30]

Sein Name bedeutet auch "der hell Leuchtende". Weshalb man in ihm durchaus auch eine Verkörperung des männlichen, befruchtenden, wärmenden Sonnenprinzips sehen kann. Du kannst ihn anrufen, indem Du die Sonne tagsüber, vorzugsweise bei Sonnenauf- oder Untergang, auf Deine Stirne scheinen lässt und ihre Wärme beim Reisen in Dich aufnimmst.

Im inselkeltischen Bereich überschneidet er sich stark mit Llywelyn. Sein weiblicher Aspekt, seine Kraft ist Belisama die Göttin des Lichts, Feuers, Handwerks und der Kunst.

Cernunnos oder Herne der Jäger

Der gehörnte König des Waldes, Herr der wilden Jagd, wird oft mit einem Hirschgeweih oder sogar als (weisser) Hirsch selbst dargestellt. Fruchtbarkeit und Fülle aber auch besonnene, jedoch entschlossene Wehrhaftigkeit sind seine Attribute. Alle Tiere und Pflanzen des Waldes unterstehen seinem Schutz. Für Ihn ist das harmonische, natürliche Gleichgewicht entscheidend.

Das Geheimnis der Nachhaltigkeit und der geschlossenen, verschwendungsfreien Kreisläufe verkörpert er wie kein anderer. Wer ohne Grund oder Respekt einen Baum fällt, einem Tier Leid zufügt, oder die Natur verschmutzt, zieht seinen Zorn auf sich. Im Herbst, zieht er inmitten der wildesten Regenstürme an der Spitze des wilden Heeres übers Land, um sich an denen zu rächen, die seinen Schützlingen unrecht taten. Wenn Du tiefer in die Wege der Druiden eindringen möchtest, so geh in den Wald. Keine Angst: lerne den Herrn des Waldes kennen.

---

30   Falls ich's noch nicht erwähnt habe: Finger weg von Drogen beim Reisen ins innere Königreich. Sonst verlierst Du über kurz oder lang sowohl die Orientierung als auch die Kontrolle darüber! Und damit über Dich.

Lugh oder Llew

Wie Odin wird dieser zauberkundige keltische Gott oft einäugig sowie mit einem Speer dargestellt.
Er ist zusammen mit Belenos und Cernunnos Teil der männlichen, keltischen Grundtriade.
Er ist einerseits Bote, andererseits auch Patron der Geschicklichkeit.

Sein Fest ist zu Lughnasad, also der Sommersonnenwende, oder häufiger am 1. August, so wie es die Schweizer noch heute mit grossen Höhen und Freudenfeuern feiern. Es braucht nicht nur Verstand und Mut, sondern auch der Geschicklichkeit, um unversehrt durch die Flammen des Feuers zu springen.

Teutates

Teutates dürfte wohl jedem Asterixfan geläufig sein. Dass er von Ungarn bis Gallien unter ähnlichem Namen bekannt war, schon weniger.

Sein Name bedeutet wörtlich "Volksvater". Er stellt den Archetypen der Vaterschaft und der kraftvollen, archaischen Männlichkeit dar. Die Tugenden eines männlichen keltischen Lebenswandels verkörperte er auf beispielhafte Art und Weise.

Angst hat in seinem mutigen Wesen keinen Platz. Schwächlinge und Feiglinge verachtet er. In seinem Kessel der Wiedergeburt lernten angehende Krieger die Angst vor dem Tod abzulegen oder fanden denselben darin.[31]

Wenn Du der personifizierten Maskulinität gegenüber treten willst, dann sprich zu Teutates, Stammesgott aller Kelten. Doch heute sind nur wenige würdig genug, dass er sich ihnen zeigt.

---

[31] Eine potenziell tödliche Vorform der Taufe durch Untertauchen.

Sucellus und Nantosvelta

Alle Kelten liebten dieses Götterpaar, denn Sucellus, der bärenstarke "Hämmerer", der ursprünglich aus dem Wald kam, war es, der den Kelten die Geheimnisse von Landwirtschaft und Hausbau, sowie diverse grundlegende handwerkliche Fähigkeiten beibrachte.

Damit nicht genug: Auf ehrliche Arbeit folgt Wohlstand. Diesen auch massvoll zu geniessen und nicht zu verschwenden, ist die Lehre des verantwortungsvollen Haus und Hofvaters der Kelten. Deshalb ist er auch oft mit einem Humpen abgebildet.

Wenn Du Familienvater oder Firmeninhaber bist oder werden willst, kann Dir Sucellus den weisen und verantwortungsvollen Umgang mit Deiner Rolle beibringen.

Seine Kraft oder Frau ist Nantosvelta. Ihr gilt sein ganzes Werk. Das Haus, das er erschafft ist es, das sie, gleich einer Blume erst schmückt und zum Leben erweckt. Sie gibt ihm Kraft und Musse, wahren Wohlstand und Erfüllung.

Wer das wahre Wesen und die Erfordernisse eines glücklichen Hausstandes und persönlicher Erfüllung begreifen will, dem sei die Meditation mit Sucellus und Nantosvelta angeraten.

Bormo und Damona

Dieses Heilgötterpaar hat seinen Sitz in heilenden warmen Quellen. Wenn Dich Gicht, Rheuma oder schlicht müde Knochen plagen, so begib Dich in ein warmes Thermalbad und gedenke der heilenden Kräfte des Wassers.

Bormo und seine Kraft "Damona" oder "Bormana" sind es auch, die das Geheimnis kennen, wie man die Heilkraft von Kräutern, Steinen und Tieren ins Wasser übergehen lassen kann. Die bekannteste Zubereitung ist – Tee.

Aericura und Aericurus

Aericura ist die keltische Göttin der Pflanzen, die im Reigen des Jahres keimen oder austreiben, Blüten und Früchte tragen und im Herbst wieder vergehen.
Dadurch ist sie sowohl Göttin der reichen Ernte, als auch des Vergehens im Herbst. Ihr männlicher Teil Aericurus begleitet sie oft in Gestalt eines Wolfes.

Suleviae

Wer weiss heute noch warum die Schweizer als "Swiss" bekannt sind? Schon die Helvetier bezeichneten sich als "Suleviae Suis", also etwa: "ich bin unter Führung der Suleviae".

Die Suleviae waren die guten Hausgöttinen. Unter ihrer Fürsorge und Führung als Grossmütter, Mütter, Töchter und Mädchen, geriet ein Haushalt zu Glück, Zufriedenheit, Harmonie und Wohlstand.

Sulis

Am Beispiel der fast namensgleichen Sulis sehen wir, wie stark ineinander verwoben die keltische Götterwelt war.
Einerseits hat Sulis alle Attribute einer Sonnengottheit, also von Belenos, andererseits wurde sie an vielen Orten identisch mit den Suleviae verehrt. Es kann sein, dass diese einzelne Unteraspekte von ihr personifizierten. Ausserdem war sie, ähnlich wie Bormo und Damona oder Grannus und Sirona eine Göttin der heilenden Quellen.

Wenn die heisse Sonne heutzutage brennt, so sagt man heute noch das brennt wie die Sau. Genau betrachtet verkörpert sie den Blick der Sonne, also sowohl die Augen, als auch besonders die Strahlen der Sonne selbst, welche im Winter nur schwach, im Sommer dafür umso stärker sind. Auf ihren Strahlen oder Säulen reist die Energie der Sonne selbst zu Dir. Warum nicht einmal die einzelnen Sonnenstrahlen bewusst aufnehmen?

Grannus und Sirona

Grannus und Sirona waren weitherum bekannt für die Heilkraft ihrer Wärme. Grannus stellt die Wärme der Sonne dar, Sirona den heilsamen Einfluss des Sternenlichts. Gut möglich, dass ihr Name mit dem Sirius verwandt ist. Auf jeden Fall wussten die Kelten schon ganz genau, dass jegliche Wärme, Energie und Heilkraft ohne sich dabei zu verzehren schlussendlich von der Sonne und den Sternen kommen muss.[32]

Du kannst sie in jedem warmen Sonnenstrahl, aber auch im warmen Wasser heilsamer Quellen finden. Die Energetisierung von Wasser durch Sonnen- und Sternenlicht, oft in Zusammenarbeit mit anderen Sonnen und Heilgottheiten wie Bormo und Damona machte die keltischen Druiden für ihre Heilkraft berühmt.

Grannus und Sirona waren eng verwandt mit den Belenus und Bormo. Weil Grannus in Form von Regen, der durch seine Wärme aufgestiegenen Wolken weint, benutzen die alten Berner für den Begriff "weinen" immer noch "gränne".

Taranis

Der keltische Gott des Wetters und des Windes war und ist einer der mächtigsten!

Seine Kinder, die jauchzenden Winde sind es, die ihm Kunde von Taten und Untaten der Menschen bringen. Ob als fröhlicher Frühlingswind oder tödlich scharfe Eiswinde mit Donner und Blitz tun sie seinen Willen.

Wer ihm, wie die Kelten früher Verbrecher im "Chefi"[33] einem Käfig opfert, oder dazu anstiftet, der erzürnt ihn zur Weissglut und besiegelt seinen eigenen Untergang blitzartig, denn glaube mir: Er ist ein Wesen der Freiheit und liebt alle freien Wesen unter der Sonne! Deshalb stehen auch alle Kreaturen der Luft unter seinem besonderen Schutz. Manche der Druiden vermögen noch heute aus Zeit und Art des Vogelzuges, sowie aus Flug und Gesang der Vögel den Willen Taranis zu lesen.

---

[32] Alle Formen der Sonnenenergie, in Form von Wind-, Wasser- und Solarenergie sind auch heute noch die einzigen, die sich nicht erschöpfen. - Irgendwann kapieren das unsere heutigen Oligarchen auch noch.

[33] Noch heute heisst „Gefängnis" in der Schweiz „Chefi".

Kein Wunder ist er zusammen mit Belenus und Teutates[34] einer der drei grossen Götter der Kelten. Bei den Norse und den Germanen war er auch als der Donnerer, "Donar" "Tor(anis)" oder schlicht "Thor" bekannt.

Wenn wir seine Wurzeln weit ins Dunkel der Zeit zurückverfolgen, dem Hauch des Windes bis an die Wurzeln der Welt nachspüren, dann stellen wir fest, dass er viele Aspekte des Wandels, der Zeit und des Jahreslaufs aufweist. Das Rad der Zeit, der Jahre, der Tage, des Atems und der Zeitalter eines Menschen, welches sich wie bei den Buddhisten und den Hindus in acht Speichen teilt ist deshalb sein Attribut.

Nicht nur, aber vor allem in Krisen und Zeiten von Umbruch und grosser Unsicherheit ist er derjenige, welcher in Einklang mit den Winden der Zeit, den "Winden der Veränderung", tausend neue Möglichkeiten, Glück und Harmonie verheisst.

Dem Hamsterrad des modernen Arbeitssklaventums setzt er Freiheit und ein dröhnendes Lachen entgegen. Wenn Du ihn erfahren willst, so setz Dich auf eine Bergspitze und lausche den Winden. – Oder steuere einen Gleitschirm und sei geborgen inmitten der Leere!

Lenus

Mit Axt und Speer ist der "Verwunder" oder "Gott von Schlag und Stoss" sowohl Kriegshandwerksgott, als auch Heiler, der durch den Krieg entstandenen Verletzungen. Klappt aber auch heute bei körperlichen Verletzungen durch Unfälle oder Gewalteinwirkung.

Einige Druiden sind der Meinung, dass seine Heilkraft auch die seelischen Verletzungen der heutigen Arbeits-Schlachtfelder kuriert. Du findest Ihn vor allem an Orten mit rotem Sandstein oder inmitten des täglichen Kampfes.

---

34 Kein Fehler, Lukan und der olle Cäsar haben gelogen!

Brigantia/Brigantius

Sie war die Anherrin der Dichtkunst, der Medizin, Gesetzgebung und der Schmiede, also aller lichten Künste. – Als Stammesherrin der Briganten war das wohl etwas viel, weshalb sie in einer Dreiheit aus drei Brighids verehrt wurde. Sie galt als Lichtbringerin schlechthin.

Im Jahreskreis symbolisierte sie das zarte, inmitten der Nacht neu erwachte Flämmchen des neuen Jahres. Ihr zu Ehren wurden am 1. Februar zu Imbolc Lichtfeste mit ritueller Löschung und Neuentzündung aller Lichtquellen eines Hauses, sowie feierlicher Reichung von Milch, Butter und weissem Brot gefeiert.

Sie ist die weisse Göttin, welche in finsterster Nacht geboren, die Tage und die Hoffnung der Menschen wieder wärmer und länger werden lässt. Sogar der grummelige Patrick von Irland konnte ohne sie nicht sein, und hat sie als "Heilige Brighid" für den Römischen Glauben interpretiert.

Wenn sie dir in deinem inneren Königreich, oft auch in ihrer kindlichen Form erscheint, so freue Dich und schöpfe Gewissheit: Sie zeigt Dir den Weg, wie es wieder aufwärts geht. Auch in finsterster Nacht kannst Du sie finden, wenn Du eine weisse Kerze als Fokus für Deine Reise ins innere Königreich benutzt.

Epona

Die Schutzgöttin der Fruchtbarkeit und der Pferde wurde je nach Region und Epoche oft auch unter ihrem Mutteraspekt als Rigani oder Rhiannon im gesamten keltischen Kulturraum verehrt.

Ihr Attribut ist die empfangende Schale, in der sie empfängt und aus der sie die Wasser der Fruchtbarkeit schöpft. Die Hohepriesterin der Epona genoss einer Königin gleiches Ansehen, da Macht und Prestige des keltischen Reiteradels zu einem grossen Teil durch ihren Besitz an Reitpferden zustande kamen.

Blodeuwedd, Morrigani und Ceridwen

Der Mond ist insbesondere für die Inselkelten Englands und Irlands eng mit einer Göttinnentriade verbunden.

Die erste der Drei ist die jugendlich anziehende, noch reifende, jedoch manchmal unstete Blodeuwedd. Mit weisser Haut, dem Aussehen nach unschuldig, wie ein junges Mädchen, verkörpert sie den erwartungsvoll zunehmenden Mond.

Die Zweite ist Mutter Rigani, unter ihren kymrischen Namen Rhiannon oder Morrigan auch als Verkörperung der Erfüllung und Schwangerschaft bekannt. Mutter Rigani ist als Teil der Triade Sinnbild für die volle Mondkraft der Frau zum Zeitpunkt ihrer Erfüllung und Mutterschaft. Die Übergänge zu Rosmerta und Epona sind je nach Epoche und Region fliessend.

Die dritte Mondgöttin, welche den abnehmenden Mond, das mit dem Alter gewachsene Wissen um die Sagen, die Heil- und Kräuterkunde, aber auch die abnehmende Kraft verkörpert, ist die walisische Ceridwen.

In dieser Tiade lässt sich der für die keltische Kultur fliessende Übergang verschiedener Gottheiten ineinander besonders gut erkennen. Analog den drei Nornen, der weibliche Trimurti im Hindusimus oder den drei Bethen im neueren christlichen Mystizismus verkörpern sie die Zeitalter und unterschiedlichen Qualitäten und Gefahren der Frau. Alle drei sind auf ihre Art "unschuldig". Die christliche Kirche hat sich ihrer in den Formen als weisse jungfräuliche, rote Maria Magdalena und schwarze Maria "Pieta" bedient.

Sollstest Du den Mond als Fokus Deiner Reise ins innere Königreich benutzen und Dich dann drei verschiedenaltrigen, weiblichen Wesen gegenübersehen, so sei immerhin versichert: Die gruseligen Märchen, welche man sich über sie erzählt sind erstunken und erlogen. Der Mond zieht zwar manchmal etwas kühl aber still seine Bahn. Seine oder besser Ihre Weisheit ist vor allem, aber nicht nur, den in ihrem Rhythmus schwingenden Frauen vorbehalten.

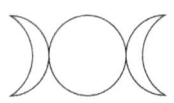

Eigene Stammesgötter

Für die allgemeine keltische Bevölkerung der Antike spielten die jeweiligen Stammesgötter oft eine weitaus grössere Rolle, als die Obergottheiten. Oftmals waren die Stammesgötter angepasste Versionen der allgemeinen Götter. Das war wichtig, um einem Stamm Identität und Zusammenhalt zu verleihen und dennoch den Austausch mit anderen Stämmen zu ermöglichen.

Hier kam die ganze Stärke eines mündlichen Überlieferungssystems zum Tragen: Jeder musste sich innerhalb seiner Erzähllinie sein eigenes Bild von den Göttern machen. Insbesondere bei den Inselkelten und den Bretonen kamen sowohl die allgemeinen, als auch die Stammesgötter meist in Dreiheiten daher. So ist die inselkeltische Trias aus Lugh, Dagda und Oghma noch heute schnell in Belenus, Cerne und Lugh übertragbar. – Beinahe, denn durch die verschiedenen Erzähltraditionen wechselten Aspekte der Gottheiten oder wandelten sich. Mach es auch so: Wenn Dir im inneren Königreich solch mächtige Ratgeber begegnen, dann lass Deine eigene Wahrnehmung zu. Lass dich nicht von Dogmen oder Gelesenem einengen, sondern betrachte die Wesen der Anderswelt durch deine eigene Perspektive. Das gilt für alle keltischen Andersweltlichen.

Sagengestalten

Die Kelten schöpften ihre Inspiration und ihre Weisheit nicht nur von den Göttern und den Devo, sondern massgeblich auch von mythischen Sagengestalten. Die überregional bekanntesten Sagenzyklen sind diejenige vom Prinzen der Anderswelt und die Arthurssage. Insbesondere die Sage vom Prinzen der Anderswelt, aber auch gewisse Abenteuer von Sir Gawain geben uns starke Anhaltspunkte, dass wir uns in unserem inneren Königreich oder der Anderswelt absolut untadelig zu verhalten haben, um drastische Folgen sowohl in dieser, als auch der anderen Welt zu vermeiden.

Da ist es nur folgerichtig, sich auch von den mythischen Helden der Altvorderzeit inspirieren zu lassen. Es würde zu weit führen, sie alle zu erwähnen.

Als Beispiel seien deshalb nur einige mit ihren Attributen erwähnt. Beachte jedoch, dass die Vorstellung von Ritterlichkeit, Minne und Heldentum bei einigen von ihnen massgeblich von heutigen ethischen, moralischen oder gesellschaftlichen Normen abweichen können.

Merlin

Wer kennt den berühmten Zauberer und Druiden Merlin nicht - Myrdin Emrys oder Lailoken, Merlinus der Verrückte aus dem Wald, der ergriffen und durchdrungen von der Kraft und Weisheit der Natur selbst zum Weisen wurde?

In seiner romantisierten Form als "Hofzauberer" Arthurs ist er es, der sowohl den Bau der runden Tafel, als auch die Gralsqueste initiiert. Er betrachtet die Taten der Vergangenheit, nimmt feinste Veränderungen im Jetzt wahr und kann daraus die Folgen der Zukunft abschätzen. Als universalgebildeter Naturmensch kennt er die tiefsten Geheimnisse der Erde und des Himmels. Zu Beginn versucht er zum Wohle aller die Realität zu manipulieren. Doch am Ende muss er erkennen, dass die Realität sich fortlaufend selbst formt und jeder menschliche Eingriff nur Disharmonie erzeugt.

Als Weiser lässt er sich von seiner Schülerin in eine Festung aus Luft und Liebe einschliessen und erwartet dort, zusammen mit ihr ein besseres Zeitalter. Wers nicht glaubt, soll in die Bretagne zur "Fontaine de Barenton" gehen und meditieren...

Artus

Arthur, der legendäre König der Angeln und Sachsen. Er, der König, welcher das Idealbild jedes Herrschers zu sein versuchte und dabei seine eigene und die fehlbare Menschlichkeit seiner Umgebung erkennen musste. König Arthur, welcher bis zum Ende nach Perfektion für sich und die Ritter seiner Tafelrunde strebte. Auch im Bewusstsein seiner menschlichen Fehlbarkeit suchte er nach dem Gral, der Essenz der göttlichen Perfektion auf Erden.

Jeder, der die Athurssagen, in welcher Form auch immer gelesen hat, wird erkennen, dass der Gral von Anfang an in jedem von uns versteckt ist. Doch ihn zu entdecken, zu berühren, geschweige denn aus ihm die Kommunion zu empfangen, ist nur einer absolut reinen Seele möglich. – Was kein Grund sein soll, eingedenk der eigenen Menschlichkeit nicht stets danach zu streben!

Sir Gawain

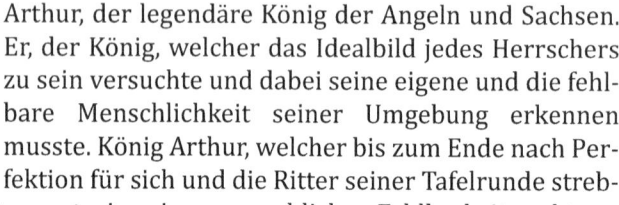

Der Ritter Fünfstern ist der fröhlichste Ritter der Tafelrunde. Stets galant und doch geziemend kostet ihn seine Abenteuerlust manchmal fast das Genick. Doch Anstand, Edelmut, Ehrgefühl und Mut retten sein Leben. Nach der Begegnung mit dem Fischerkönig, als alten verletzten König und als kraftstrotzenden grünen Mann, erkennt er den Kreislauf und die Wege der Natur und wird selbst zum grünen Ritter. Nicht umsonst trägt er den Drudenfuss, Erkennungszeichen derjenigen, die um die Wandlungen der Materie und des Lebens wissen, auf dem Schild. Anders als die Stubengelehrten hat er die Weisheit nicht im Lehnsessel erworben, sondern durch praktisches Erleben vollkommen verinnerlicht. Deshalb ehrt und geht er als Gawain, Gwalchemei oder Walewein den alten, den grünen Weg.

Seine Kraft nimmt in Harmonie mit dem Lauf von Sonne und Mond zu und ab. Du findest ihn an jedem begrünten Ort.

Lancelot

Seine Wurzeln gründen tief im walisischen Mythos "Culwch und Olwen". Lancelot ist der heldenhafte Ritter par Excellence.

Erzogen von Nimue persönlich ist er einer der Gralsritter. Seine Liebe und Minne zu Guinevra wird diesem edelsten aller Ritter in manchen Versionen der Sage schlussendlich zum Verhängnis. Sein Versuch nach kristallklarer Perfektion muss scheitern, da auch er ein Mensch ist. – Das Fleisch fordert seinen Tribut. Aus seiner unschuldigen Vereinigung mit der Gralsträgerin Elaine entsteht endlich der perfekte Gralsritter sein Sohn Galahad.

Wenn Du bei aller Perfektion Deine eigene Menschlichkeit behalten und ehren möchtest, so kann Dir die Suche nach Lancelot und seinen Abenteuern helfen. Das düstere Bussetun und so weiter kannst Du dabei getrost vergessen.

Parceval/Parzival/Peredur

Der klassische Junge vom Lande, welcher in sich die Ritterlichkeit entdeckt und dadurch zum Ritter wird, ja nebst Bors und Galahad die absolute Vervollkommnung der Ritterlichkeit, den Gral erreicht.

Bis mitten in die Pubertät weiss er, von seiner königlichen Mutter im Geheimen im Wald erzogen, nicht einmal, dass er adlig ist! In den ältesten, richtigen Versionen besteht er die Frage des Fischerkönigs nicht gleich beim ersten Mal. – Unverzagt gelobt er, es noch einmal zu versuchen und die Prüfung gelingt. Der Gral, die Tochter, Schloss und Besitztümer des geheilten Königs gehören fortan ihm.

Wenn Du Dich ins innere Königreich begibst, bist Du auf der Reise des Peredur. In Dir wirst Du Personen oder Dinge finden, die der Heilung bedürfen. Tu es ihm gleich, hilf und heile!

Wenn Du scheiterst, bereite Dich gründlich vor und versuche es erneut.

Für alle die Wagner mögen: Der Schwanenritter Lohengrin, anonymer Helfer aller Bedrängten, ist der würdige Sohn des Peredur.

Morgana

Man darf Morgane le Fay oder Morgause durchaus mit der keltischen Morrigan verwechseln. Als im Gegensatz zu diesem, legitime Halbschwester Arthurs ist sie ursprünglich eine der Herrinen der Apfelinseln.

Noch heute wird ihr Kult in gewissen Teilen Englands bienenfleissig ausgeübt. Ihre Sticheleien können sowohl giftig als auch ihr Honig heilend sein. All ihr Streben, ihre Intrigenspiele und ihre Ränke bringen ihr und anderen schlussendlich nichts als Leid. Als sie diese Weisheit erlangt, birgt sie den tödlich verwundeten Arthur.

Anstatt ihn sterben zu lassen, pflegt sie ihn in Avalon gesund, auf dass sein Königreich in einer besseren Zeit wieder aufleben möge. Möchtest Du Dich von eigenen oder fremden Ränken befreien, so suche das "Vals sans Retour" in der Bretagne auf und finde dort den goldenen Baum am Ufer des "Spiegel der Morgana".

Guinevra

Vergiss jeden Popstar! Was Liebreiz und unbedarfte Sexyness angeht ist Guinevra, Gattin des Arthur unschlagbar. Als Gegenspielerin der höchst intellektuellen Morgana stellt sie das unbedarfte lichte weibliche Prinzip dar. Versuchung und Ideal zugleich.

Kein Wunder liegen ihr sämtliche Gralsritter zu Füssen! Es ist für sie nicht ganz einfach, dieser steten Minne nicht nachzugeben. Meist ist sie dabei erfolgreich. Wenn nicht, so hat dies stets verheerende Folgen! Unter anderem den Tod Arthurs und den Untergang seines Königreichs. Wie in vielen alten Epen sind es auch hier die unreflektierte, unbedarfte Liebe und der Liebreiz einer Frau, die ganze Königreiche und sich selbst stürzen.[35]

Den Kelten war die Triskele aus Herz, Hand und Hirn wichtig. Wenn eines davon übermächtig wird, ist Unheil vorprogrammiert.

An jeder Birke kann dir Guinevra noch heute das rechte Mass beibringen. Einer ihrer gut versteckten Kraftorte liegt in der Bretagne, den kleinen Weg neben dem "offiziellen" Grab Merlins entlang.[36]

---

35 Odyssee, Nibelungenlied, Schöpfungsmythos der Huichol, Veden etc.
36 Suche den roten Platz mit den hunderten Steintürmchen etwa 300m ostnordöstlich des „Grabs".

Nimue/Viviane

Die dritte wichtige Dame ist Nimue die Weisse. Hüterin der Quellen und der Natur ist sie zugleich Schülerin und Geliebte Merlins. Sie ist das Bild der Druidin schlechthin. Selten mischt sie sich ein. Ihre Handlungen erfolgen stets nach bestem Wissen, mit reinem Herzen und klarem Verstand. Sie ist es, die Arthur seine Kraft verleiht. Sie ist es auch, die Merlin am Ende der Sage in ein unsichtbares Schloss aus Luft entrückt.

Was wenige wissen ist, dass sie dort bis auf den heutigen Tag zusammen mit ihm lebt. Indisch gesprochen ist sie die Shakti Merlins. Aus griechischer Perspektive ist sie einer gereiften Form der Artemis/Diana sehr ähnlich.

Du findest ihr Wesen in jeder Bibliothek, an jedem Stein und in jedem Baum oder Tier. Besonders nahe kannst Du ihr aber an Quellen im Wald oder jedem klaren See kommen.

Die "Dame vom See" ist als Nimue, Vivienne oder in ihrer urkeltischen Form als "Coventina" bekannt. Eine vermutlich identische Form ist die Fee Melusine.

Einer ihrer Kraftorte liegt direkt über dem Fundament des nunmehr zerstörten Turms im Chateau de Fougères. Nimue, Guinevra und Morgana bilden in bester keltischer Tradition eine eigene Dreiheit und fliessen in der Erzähltradition teilweise ineinander oder mit anderen Andersweltlichen zusammen.

Keltische Tier und Fabelwesen

Zusätzlich zu Heroen und Göttern bevölkern einige Fabel- und Tierwesen die Anderswelt der Kelten (vgl. S. 66ff).

Über Fabelwesen wurden schon diverse, umfangreiche Bücher verfasst. Deshalb hier eine unvollständige und kurze Liste der bekanntesten Wesen aus der keltischen Vorstellungswelt. Viele den Kelten bekannte Fabelwesen wie Drachen, Elfen und Zwerge kommen auch in anderen Kulturen vor.

Insbesondere wenn Dir ein Tier mit roten Ohren oder Augen begegnet, so kann es gemäss keltischem Glauben der Bote eines Andersweltlichen sein.

Elfen

Als Elfen werden eine ganze Gruppe von meist unsichtbaren Wesen der Anderswelt bezeichnet. Dabei ist Elb nicht gleich Alb und schon gar kein Elbe. Immerhin kann man sie allgemein als die Kräfte der belebten Natur verstehen. Man unterscheidet zwischen den lichten Elfen, den Kräften der Pflanzen und den Schwarzelfen oder Zwergen, den Kräften der Steine, Mineralien und Erze.[37]

Die Lichtelfen kannst Du als die zum Teil sehr alten und weisen, überaus heilmächtigen, aber teilweise auch tödlich giftigen Geister aller Pflanzen, vom Gänseblümchen bis zur Eiche verstehen.

An manchen speziellen Orten treffen sie sich nachts, um ihre Feste zu feiern. Die Griechen haben die Naturkinder von Mutter Erde recht genau benannt. Von den indischen Devas wissen wir, dass die Grenze zwischen Elfe und Engel durchaus fliessend sein kann.

Zwerge

Alle für das gewöhnliche Auge unsichtbaren, unterirdischen Naturkräfte nennt man Schwarzalben oder Zwerge. Erde, Metalle, Erze, Edelsteine und Wasseradern sind ihr Reich.

---

[37] Die moderne Fantasy-Annahme, Schwarzelfen seien die bösen Brüder der Lichtelfen ist Schwachsinn. Wenn etwas wie ein Elf aussieht und böse daherkommt ist es ein Dämon, oder ein Alp. – Kein Elf!

Ausserdem lieben sie Pilze, die wie sie grösstenteils unterirdisch wachsen und nur selten ihre Hüte über die Erde heben. Wer sich gut mit dem kleinen Volk stellt, dem wird es wohl ergehen. Das Wissen um den rechten Hof und Ackerbau, das Finden von fruchtbarem Land und die geschickte Bestellung desselben haben sie schon so manchem im Traum vermittelt. Als gute Hauswichtel, Sendboten von Frau Holle, sind sie im süddeutschen Raum bekannt.

Um ihnen Freundschaft zu signalisieren, stellen deshalb bis heute noch manche Menschen Gartenzwerge in ihren Garten – und schwören darauf, dass ihre Pflanzen dadurch besser wachsen. Doch auch im Bergbau sind sie bewandert: Erze und Wasseradern, den Verlauf der Erdlinien und vieles mehr, kannst Du durch aufmerksames Studium des Zwergenreichs und im Umgang mit der Wünschelrute erringen.

Vergiss dabei aber nie, nicht ausser Harmonie mit dem Rest der Natur zu geraten. Sonst rächt sich die Natur insgesamt auf die eine oder andere, subtile und zuweilen recht handfeste Weise. Jeder Strahler (Kristallsucher) weiss, dass er für jeden Stein, den er aus dem Berg bricht einen gewissen Tribut zahlt. Gierigen Raubbau sehen die Schwarzalben gar nicht gerne und ziehen sich aus solchen Gebieten meist endgültig zurück.

Einhorn

Die reinste aller Kreaturen sieht nur vordergründig aus wie ein Pferd. Doch für alle die sehen können, trägt es ein leuchtendes Horn auf seiner Stirn. Ganz bewusste Sanftmut in Wehrhaftigkeit, ist das Einhorn ein Fabelwesen, welches die im Geiste Reinen oft am Brunnen des inneren Königreiches besuchen kommt. Eine keusche Jungfrau im Fleische oder überhaupt weiblich braucht man dazu nicht zu sein. Keusch im Sinne der Absenz von negativem Streben jedoch schon. Bösen Menschen zeigt sich das Einhorn nicht.

Sollte Dir in Deinem inneren Königreich ein Einhorn begegnen, so solltest Du Dich nicht wundern, wenn das liebe Tier sprechen kann und Dir gerne bei Deiner inneren Entwicklung zum Guten behilflich ist.

Jegliches Machtstreben und Gewalt sind diesem friedfertigen Tier ein Graus. Doch weiss es sich gegen Angriffe genauso gut wie der Hirsch des Hubertus zu wehren. Eine Berührung mit dem Horn genügt, um den Angreifer die Verwerflichkeit seines Strebens erkennen zu lassen. Viel lieber legt es aber sein Horn und Haupt in Liebe in den Schoss von dazu bereiten Menschen und befruchtet sie so mit dem Samen der universellen Liebe.

Drachen

Nicht alle Drachen sind böse. Im Grunde genommen wollen die meisten einfach nur in Ruhe gelassen werden. In allen Kulturen dieser Welt sind Drachen bekannt. Es gibt Erd-, Feuer-, Wasser- und Winddrachen. Die meisten dieser für die ungebändigten, fliessenden Energien der Elemente stehenden Wesen sind Hüter uralter Weisheit. Jeder von Ihnen kann Dir viel über sein Element beibringen. Manche nehmen Dich im inneren Königreich auf eine Reise mit, die Du nie wieder vergessen wirst. Doch sieh Dich vor, Drachen sind schlau und listig und beileibe nicht alle sind Menschenfreunde.

Ist ein Drache alt, träge und saturiert, so geht es ihm manchmal wie uns, wenn wir uns an etwas klammern, was wir am Ende doch nicht behalten können. Wenn sich so ein riesiger Drache bewegt, sprechen die normalen Menschen von Erdbeben...

Sollten Dir im Inneren Königreich jedoch ein junger, freundlicher Drache oder ein alter, weiser Drache begegnen, so hast Du einen Freund fürs Leben.

Versuche niemals(!) ein Drachenei zu stehlen. – Drachen vermehren sich so gut wie nie und lieben ihre Kinder sehr.

Der grüne Mann

Herne der Herr des Waldes selbst, wenn er denn gute Laune hat, pflegt sich unter die Sterblichen zu begeben, um sie zu testen und zu bilden. In Form des grünen Ritters, als St. Christophorus bei den Christen, AlKhidr bei den Moslems oder schlicht als "Wilder Mann" in der Schweiz, repräsentiert er die belebte Natur insgesamt. Manchmal tritt er mit einem Geweih, manchmal mit einem ganzen Baum als Wanderstab auf. Zuweilen ist er furchterregend, provoziert und spottet denen, welche die Wege ihrer eigenen Natur verloren haben. Doch schlussendlich hilft er allen, die sich als tugendhaft erweisen.

Wer wie Gawain die Wege des Grünen Mannes versteht und lebt, der ist auf seiner Queste. Auch wenn sie zu Anfang unmöglich erscheinen, sind seine Prüfungen manchmal sehr beschwerlich, doch immer machbar für diejenigen, welche reinen Herzens, unverzagt und tugendhaft sind. Er ist es, der in Form des Fischerkönigs den Gralsrittern den Weg zurück zum alten neuen Glauben zeigt. Lanzelot kann den Gral nie erreichen, da er für die reine, verstandesmässige Disziplin steht. Ohne Akzeptanz der eigenen Natur, ist die ultimative Queste des grünen Mannes nicht zu bestehen!

Drei Wege führen zum Ziel: Dem vorurteilsfreien Forscher Sohn Lanzelots, Parzival ist es vorbehalten, den Gral zu ergreifen. Doch auch Galahad als Verkörperung des reinen, mystischen Glaubens wie auch Sir Bors, dem urkräftigen Handwerker ist es möglich, es zu erreichen.

Manchmal erscheint Dir der grüne Mann als alter kranker König der Natur. – Finde unter allen Umständen die Ursache seines Leidens heraus. Frag ihn wenn nötig, und Du hast einen Schlüssel zu Deiner eigenen Heilung! Welchen der drei Wege Du gehen solltest, musst Du schon selbst herausfinden.

Es gäbe noch Dutzende keltischer und walisischer Götter, Wesen und Heroen, von Prinz Pwyll bis zu Cú Chulainn aufzuzählen, aber dieses Buch soll ja kein Lexikon sein, sondern lediglich einen ersten Überblick über die im inneren Königreich möglicherweise visualisierbaren Gestalten anbieten.

Wesen der griechischen Mythologie

Die Ursprünge der griechischen Götter sind im Dunkel der Zeit weit im Osten, südlich des kaspischen Meeres, sowie in den ägyptischen Mysterien zu suchen. Das griechische Pantheon ähnelt dem germanischen Götterhimmel in vielem. Bei beiden regiert ein menschenähnlich archetypisches Göttergeschlecht die Geschicke der Welt. Das römische Pantheon schliesslich fusste sogar eins zu eins auf dem griechischen. Die griechischrömischen Götter sind zwar übermenschlich entrückt, ergreifen jedoch oft Partei und sind sich hin und wieder gar uneins. Sie erscheinen oft nur als Gedanken, ohne sich körperlich zu zeigen. Gerade für Liebhaber der klassischen Antike können sie wertvolle Helfer sein.

Zeus/Jupiter

Der Herr über Donner und Blitz war nicht nur der listigste Herrscher über eine ganze Götterschaar, sondern auch ein einfallsreicher Ehebrecher. Stets auf der Hut vor seiner Frau Hera, verführte er in verschiedensten Gestalten eine lange Liste von Frauen. Er stellt den modernen Patriarchen dar, der sich beinahe allmächtig jede Freiheit nimmt. Nur logisch, dass er, wie auch Wuotan, dabei stets im Clinch mit den Ihnen vorangegangenen Urgewalten, den Riesen oder griechisch den Titanen ist. Es ist kaum wahrscheinlich, dass Dir Zeus als solcher begegnet. Heute ist Zeus milde und weise geworden. Manchmal kannst Du ihn im Schatten eines Olivenhains erahnen. Seine direkte Weisheit ist für uns aber meist zu mächtig. Oft erscheint er, zusammen mit Poseidon und Hades oder Merkur in einer Trias. Sein Himmelskörper ist der Jupiter.

Poseidon/Neptun

Genau wie Njörd entschied sich Poseidon, der griechische Gott der Meere, zu Beginn des Titanenkrieges noch nicht für die Seite der Götter und stimmt auch der kriegerischen Haltung seines jüngeren Bruders Zeus meist nicht zu. Deshalb zog er sich mit seinem Gefolge in den Frieden des Meeres zurück. In der unendlichen Tiefe der Ozeane ist sein Reich.

Wenn Du seine Weisheit erahnen möchtest, solltest Du Dich ans Ufer eines Gewässers oder auf See begeben. Seine Wesen, die Fische bevölkern auch die Seen und Flüsse. Sein Botentier ist der Delphin. Sein Himmelskörper ist der tiefgründige, blaue Neptun.

Hades/Pluto

Der Bruder von Poseidon und Zeus regiert das Reich der Toten und der Dunkelheit. Seine Gattin Presephone, Göttin der lebenden Natur, weilt jeweils während des Winters bei ihm. Bezeichnenderweise trägt er neben dem Zweizack wie die katholischen Peter&Paul einen Schlüssel, zum Zeichen, dass bei ihm alle Seelen hinter Schloss und Riegel sind. Eine zackige Krone ziert sein dunkles, doch edles Antlitz. Er erscheint den Menschen oft unsichtbar in der Nacht als Gevatter Tod. Jeder lernt ihn früher oder später kennen. Deshalb fürchten sich viele vor ihm.

Sein grosses Geheimnis ist die Art der Anderswelt: Die Griechen fürchteten sie als eine öde Leere. Doch nach einer gewissen Zeit der Ruhe und des Vergessens verblassen Seelen im Hades und können sich unschuldig und rein in andere Welten bewegen.
Man dürfte Hades für diesen "All Reset" ruhig dankbar sein, denn welche Seele will schon mit dem Wissen aller Schicksalsschläge von Jahrtausenden leben? Er bezwingt nicht nur alle Sterblichen, sondern schlussendlich auch allen Streit, alle Krankheiten und jeden Hader. Seine Begleiter sind der Tod und der Schlaf, da sich die Seele in beiden erholt.

Wenn Dir ein verschleierter, dunkler Gott, wenn möglich mit Sense begegnet, dann hab keine Angst und sei höflich. Viel über die Anderswelt und sein Reich dazwischen kannst Du von ihm erfahren, denn er ist einer der drei. Aber erwarte keinen Smalltalk, sondern tiefgründigsten Ernst.
Du kannst ihn in der Meditation in tiefster Dunkelheit, tief in einer Höhle finden. Allerdings zeigt der Erlöser aller Pein sich praktisch nie. Seine Bäume sind die abschiedslindernde Zypresse und der abgrenzende Buchsbaum. Seine Tiere sind schwarze Pferde oder Schafe. Sein Himmelskörper ist der Pluto.

Hera/Juno

Die Mutter und Ehegattin schlechthin. Sie wacht eifersüchtig darüber, dass die Gebote der Ehe eingehalten werden und hilft allen Müttern, Ehefrauen und schliesslich betrogenen Gattinnen. Ihr Attribut ist nicht etwa das zum Schlag erhobene Nudelholz, sondern der Granatapfel. Ihre schönste Seite zeigt sie als Geburtshelferin und Patronin aller Hebammen. Nicht umsonst ist sie die Königin des griechisch-römischen Pantheons. Ihr zu Ehren ist der Juni benannt.

Demeter/Ceres

Sie, die fruchtbare Erdgöttin schlechthin, tritt oft in Gestalt der bekannten Triade aus Jungfrau, Mutter und alter weiser Frau auf. Als Schwester des Zeus ist sie eine Form der geheimnisvollen "Grossen Göttin Erde" oder "Mama Gaia" selbst. Wenn Du nach ihren Gesetzen[38] lebst, spendet sie aus ihrem Füllhorn freigiebig Leben und Wohlstand. Wenn Du in Einklang mit der Natur kommen willst, so suche ihre Weisheit. Ehre sie, indem Du ihre Tochter Persephone, die Natur achtest und sie respektierst. Wenn Du Dich auf den weiblichen Weg begeben willst, so ist sie eine Führerin, der die Wege der Frauen seit Anbeginn der Zeit unter vielen verschiedenen Namen vertraut sind. Ihr Planet ist Mutter Erde selbst.

Apollon/Apollo

Der lichte Gott der Poesie und der Musik ist als Himmelsbruder der Artemis auch der Orakelgott schlechthin. Seine Weissagungen stellen jedoch oft nur einen bestimmten Bildausschnitt der Zukunft dar, welcher sich erst im Erleben des Gesamtzusammenhanges erschliesst. Also Vorsicht mit Weissagungen und Orakeln. Er mag es nämlich nicht, wenn sich jemand blind auf irgendwelche Prophezeiungen verlässt. Sein Himmelskörper ist die Sonne.

---

[38] Ökologisch, im Gleichgewicht ohne Zinspyramidenwirtschaft! Also nicht im kreditgetriebenen Konsumismus der vergangenen fünf Jahrhunderte.

Artemis/Diana

Die sehr feministische und stolze, jungfräuliche Artemis, Schwester des Sonnengottes Apollon schützt nicht nur Kinder und Frauen, sondern auch alle Unschuldigen. Die sich jedoch an ihren Schützlingen vergangen haben, bringt sie eiskalt und genüsslich zur Strecke. Sie wurde auch mit Hekate oder der ägyptischen Isis identifiziert. Ihr Himmelskörper ist der Mond. Ihr Wachsen und Vergehen ist Symbol des weiblichen Zyklus in drei, beziehungsweise vier Phasen. Ihre germanisch-nordische Entsprechung ist Skadi.

Athene/Minerva

Die ebenfalls jungfräuliche Pallas Athene ist nicht nur die Hüterin der Weisheit, Wissenschaft, des Handwerks und der Handarbeit, sondern auch der Strategie und des Kampfes. Als reine Kopfgeburt des Zeus sind ihre Ursprünge weit vor dem klassischen Hellenismus zu suchen. Ihr Botentier ist die Eule. Bist Du Wissenschaftler, Handwerker oder Künstler, so kann sie Dir die geniale Umsetzung Deiner Ideen ermöglichen. Wenn Du Lust hast jemandem den Kopf einzuschlagen, so versuche Dich mit Ihr zu verbinden, denn sie kennt aus eigener Erfahrung den sinnlosen Preis von Fehlschlägen und Kriegen.

Ares/Mars

Ares ist der Gott des blindwütigen Massakers und der Rache. Plünderung, Tod und Niedertracht sind es, die sein Herz erfreuen. Seine Gefährten sind die Verblendung und die Gewalt. Einzig Aphrodite kann seine rohe Gewaltgier von Zeit zu Zeit eindämmen. Als Mars war er bei den Römern bedeutend höher angesehen, als bei den Griechen. An ihm kannst Du lernen, dass wer durch Gewalt lebt, auch durch Gewalt stirbt. - Und dass die personifizierte Liebe jeden Brutalo, wenn auch nur für kurz weich macht. Wenn Du Ares Schicksal und Taten genau betrachtest, wirst Du feststellen, dass die Liebe und das Lachen der mächtigen Weisen immer über der Brutalität stehen. Sein Planet ist der Mars.

Aphrodite/Venus

Sie, die Schaumgeborene ist die Wiedervereinigung aus zwei unvereinbaren Polen. Wie ein Schmetterling schenkt sie ihre Liebe in munterem Wechsel all jenen, die ihr würdig erscheinen. Viele halten sie für die Schönste der Zwölfgötter. – Doch Schönheit hat viele Aspekte und so ist jeder der Olympischen auf seine Weise einzigartig schön. Die Wege der Liebe sind unergründlich, denn verheiratet ist sie mit Hephaistos, dem himmlischen Schmied und brillanten Ingenieur, den sie zwar laufend mit allen möglichen Liebhabern hintergeht, den sie aber als einzigen wirklich liebt. Seine krummen Beine? – Die sieht Aphrodite nicht, denn auf dem Grund seines Herzens und im Glanz seiner Augen erkennt sie seine Liebe. Hatte ich schon erwähnt, dass die Schönheit im Auge der Betrachterin liegt?

So vielgestaltig wie ihre Lust und Liebe sind auch ihre Wappentiere: Geiler Bock, rammelnder Hase, sanfte Taube als ewige Botin des Friedens, reiner stolzer Schwan, hervorgegangen aus dem "hässlichen Entlein", Schwalbe und Spatz. Ja, der kleine freche Spatz kennt die Geheimnisse der grossen Liebes- und Lustgöttin der Schönheit. Ihr Rat und ihre Hilfe in Liebesangelegenheiten und Sorgen sind mächtig, denn sie kennt Lust und Leid, Liebe und Schmerz aus eigener Erfahrung in allen ihren Varianten. Suche den Schlüssel zu Lust und Liebe in Blumengärten, lichten Hainen, unter Rosen[39] oder durchaus auch an hellen bewaldeten Quellen. Gar mächtig ist sie und erscheint zusammen mit Hera, Diana und Demeter oder Gaia oft als Teil einer weiblichen Trias.

Mit Hilfe des richtigen Rates und ihren Pflanzen, den Aphrodisiaken hat sie schon so mancher erkalteter Liebhaberin und so manchem erlahmten Liebhaber wieder zu neuem Feuer verholfen. Voraussetzung ist, dass Du sie beim Akt ehrst. Blosses Konsumieren rächt sich. Ihr Planet ist die Venus, der Abendstern.

---

[39] Wer das Wesen der Rose verstanden hat, der hat die Liebe verstanden. Mehr dazu in Band 1 „Sprechen mit Bäumen".

Hephaistos

Seine Ursprünge kommen aus dem Osten und verlieren sich im Dunkel der Zeit. Die blosse Gier erkennt in seiner Gestalt die Schönheit nicht, doch seine Werke sind schlichtweg genial. In seiner unterirdischen Schmiede fertigt der "ruhmreiche Ingenieur der Götter" sagenhafte Gegenstände: Vom Blitzbündel des Zeus, über den Liebreizgürtel seiner Gattin, ganze Thronsäle in Stahlbauweise, bis zu den ersten, weiblichen Roboter(innen). Unter verschiedenen Namen und Ausprägungen war er als Wieland bei den Germanen, bis zu den Finnen, als Ilmarinen bekannt. Mit seinen Waffen und Erfindungen wurden grosse Taten vollbracht – und grosse Vergehen. Das Schicksal jedes Erfinders. Wenn Du eine geniale, technische Lösung suchst, so verbinde Dich im Scheine eines Feuers oder in Deiner Werkstatt mit Hephaistos. Scheue Dich nicht vor Misserfolgen oder Ablehnung. Forsche und tüftle weiter und aus Deiner "Schmiede" wird sich manches Wunderwerk erheben. Geduld und Ausdauer, Kraft sowohl in Willen, Vorstellungsvermögen, sowie der Schaffenskraft seiner starken Arme sind seine Attribute.

Hermes/Merkur

Hermes Trismegistos, der griechische Götterbote, Schirmherr von Handel und Gewerbe, Diebeskunst, den Wissenschaften und der Magie, geht in seinen Ursprüngen zurück auf den ägyptischen Thot. Sein Wappentier ist die Schildkröte.[40] Er hat buchstäblich drei Gesichter: Ein listenreich verschlagenes als Dieb und Politiker, ein weises als Arzt und Wissenschaftler und ein drittes als Philosoph und Weiser. Das entspricht sehr genau der Dreiheit von Herz, Hand und Hirn, durch die man Weisheit erlangen kann. Sein von zwei Schlangen umwundener Stab, der Caduceus ist noch heute das Insignium der Heiler, Boten und Händler. Eine weisse und eine schwarze Schlage drehen sich als gegen oben grösser werdende Doppelspirale um einen T-förmigen oder geflügelten Stab. Sein zweites Attribut sind selbstverständlich Münzen.

---

40 Sie heisst Mammon und scheint ihm entlaufen zu sein, denn derzeit regiert Geld die Welt und das ist mit Sicherheit nicht im Sinne der Zwölf.

Wenn Du auf dem Pfad der Wissenschaft, der Diebe und der Magie oder der Politik wandeln willst, dann merke Dir: Wenn Du Dich mit Halbweisheiten abgibst oder diese verkündest, machst Du Hermes sauer und es wird Dir letztendlich schaden. Hermes Weisheit und Botschaften wollen mit dem ganzen Wesen verstanden werden, nur dann gereichen sie Dir zum Nutzen.

Möchtest Du ihm begegnen, so meditiere beim Wandern, bereise fremde Kulturen und vor allem erforsche die Dinge offen, aber hartnäckig bis Du zu echter Weisheit gelangst. – Die Gralsqueste der inneren Alchemie ist so eine Reise. Sein Planet ist der schnelle Merkur.

Dionysos/Bacchus

Das göttliche lachende Kind wird er geheissen. Seliger honigreicher Gott des Weines und der Feigen. Gleichzeitig jüngster der olympischen Götter und doch untrennbar mit seinem Opa Saturn verbunden, der in ihm nun endlich einen seiner Nachkommen lieben kann.

Er der wie Ghanesh zweimal Geborene, ist Schirmherr der Nymphen, Dryaden und Satyrn, also aller Geschöpfe des Waldes. Er liebt Wein, Weib und Gesang, kennt dabei aber immer das rechte Mass. Wer das nicht respektiert, riskiert einen Brummschädel oder den Wahnsinn.

Jegliche Art von Einengung ist ihm verhasst: Er lässt Konventionen und Ängste einstürzen, bringt den Menschen anstatt der eigenen Grenzen das Lachen durch Komödie bei und entfesselt sie sprichwörtlich.

Man kann in ihm den Archetypen eines fröhlichen, jedoch wehrhaften griechischen Druiden sehen. Efeu, Feige und Weinstock sind seine Wappenpflanzen, Panther und Fuchs die Tiere des ungebändigten Gottes der Natur.

Hestia/Vesta

Die älteste Schwester des Zeus hütete die reine Herdflamme. Wie die reine Flamme bleibt sie keusch und verbindet sich mit keinem Mann. Ihr Wappentier ist der Esel. Ihr Attribut die Flamme.

Selbstverständlich tritt sie immer vollständig bekleidet auf. Somit ist sie also die Schutzherrin aller Jungfern und des Herdfeuers, von Sittlichkeit und Ordnung. Insbesonders bei den Römern auch von sittlicher Rechtschaffenheit und Integrität.

Solltest Du Hestias Rat erwünschen, so entzünde in einem geschützten Rahmen auf möglichst natürliche Weise ein Feuer oder eine Kerze und betrachte die ruhigen Flammen.

Griechische Fabelwesen

Zentaur

Halb Mensch halb Pferd stehen sie, fast ausnahmslos für lüsterne Brutalität und dabei eine dem Sturmwind gleiche Schnelligkeit.

Allerdings gibt es eine Ausnahme: Den edlen und weisen Zentauren Cheiron, den Lehrer von vielen griechischen Helden. Sie überwanden dank seiner Lehren ihre animalischen Instinkte und gewannen so, nebst ihrer grossen Kraft und Ausdauer, die Weisheit dazu. – Attribute, die ein Held braucht.

Es ist durchaus möglich, dass Du in Deinem inneren Königreich auf Zentauren oder andere anthropomorphe (halbtiergestaltige) Wesen triffst. Sei Dir bewusst, dass ihr tierischer Teil nicht nur Ausdruck der entsprechenden Qualitäten, sondern auch der, für uns teilweise recht animalischen Instinkte ist. Manche kann man sich zu Freunden machen und viel von ihnen lernen.

Pegasus

Das geflügelte Pferd Pegasus ist nicht zu unterschätzen, bringt es Dich doch mit seinen Schwingen blitzschnell ins Reich der Weisheit. – Sofern er sich denn zeigt. Er ist der Schöpfer des Brunnens der griechischen Dichtkunst und Hüter grossen Wissens.

Seine Nachkommen zeigen sich recht häufig im inneren Königreich und sind uns Menschenkindern meist wohl gesonnen. Versuche nicht, ihnen Deinen Willen aufzuzwingen. – Sonst musst Du zu Fuss gehen, anstatt zu fliegen.

Faune und Nymphen

Faune und Nymphen sind das Gefolge des ungezähmten Waldkönigs Dionysos. Dabei sind die männlichen Faune, lüsterne Romantiker. Sie sind stets auf dem Sprung den meist äusserst attraktiven aber ebenso scheuen weiblichen Nymphen nachzustellen.

Wenn die verklemmten Heuchler von Roms Gnaden vom bocksfüssigen gehörnten Teufel sprachen, so verwechselten sie diesen permanent mit den Faunen. Lüstern sind sie, aber beileibe keine Dämonen. Oder kannst Du Dir einen Panflöte spielenden, romantischen Dämon vorstellen? Der Faun Pan hat die Panflöte sogar aus Liebe erfunden! Wie die Nymphen stehen sie schlicht für die unregulierbaren, freien belebten Naturkräfte. Und davor haben manche Pfaffen Angst, wenn sie unter ihre eigene Kutte gucken.

Faune findest Du überall, wo das tierische, freie Leben noch frei sein darf. Also in Naturschutzgebieten, Nationalparks und an ähnlichen, wilden Orten. Sie spielen gerne Streiche, aber sind durch und durch gutmütige Gesellen.

Ihre Gespielinnen, die Nymphen mit ihren zarten Trieben findest Du vor allem während warmen, verträumten Tagen, an friedlichen Quellen und sonnenbeschienenen Teichen. Versuch Dich aber nicht als Faun, sonst könntest Du "im Schilf stehen", nass werden oder Schlimmeres.

Dryaden

Alle Nymphen der Bäume waren bei den Griechen als Dryaden oder Hamadryaden bekannt. Sehr ähnlich den vedischen Devas teilen sie sich ein Gruppenbewusstsein entlang ihrer Baum oder Pflanzenart.

Sie treten im inneren Königreich sehr häufig in Erscheinung und sind praktisch immer gutmütig und weise. Einige sind sogar unglaublich heilmächtig. Es kann sehr gut sein, dass sie identisch mit den Lichtelfen der Germanen und nordischen Glaubenswelten sind.

Um mit ihnen in Kontakt zu treten, brauchst Du Dich bloss auf einen Baum oder eine andere Pflanze zu konzentrieren. Die Kommunikation findet meist äusserst subtil statt, ohne dass sich Dir die betreffende Dryade zeigt.

Die Dryaden der verschiedenen Bäume können untereinander kommunizieren. Stirbt ein Baum, so flieht die Dryade einfach in den nächsten Baum derselben Art. Viel mehr über die Dryaden und ihr Wesen findest Du in Band 1 "Sprechen mit Bäumen".

Wesen der germanisch-nordischen Mythen
Die anderswetlichen Wesen der Germanen und Norse gliedern sich, je nach männlicher oder weiblicher Betrachtungsweise entlang des Weltenbaumes, Yggdrasil oder der grossen Spindel Friggs.

Wenn Du Dich in Deinem inneren Königreich in die Mitte zum inneren Brunnen oder Baum begibst, so bist Du an dieser, Deiner eigenen Weltenachse. Zuoberst ist der Eine, Unergründliche, in Form des Weltenadlers oder Weltenvogels Aar. Zuunterst haust der ewige Widersacher in Form einer Schlange. Zwischen diesen spannen sich auf drei Ebenen neun Welten auf (vgl. S.71ff). Alle Wesen, welche diese Ebenen bewohnen, können Dir im inneren Königreich auch begegnen.

Asen
Die jüngeren Götter haben sich wie die griechischen Götter die Freiheit von den älteren Naturgewalten erkämpft. Sie sind mächtig, aber haben durchaus menschliche Attribute. Die jeweiligen Stärken und Schwächen ergeben für uns je einen Archetyp, um die Folgen des eigenen Handelns abzuschätzen.

Um die nordischen Götter zu erschliessen, ist es wichtig zu verstehen, dass ihre Grenzen innerhalb der neun Reiche fliessend sind. Sie gehen je nach Aspekt ineinander über.
So kann ein Aspekt Odins, auch ein Aspekt Tyrs sein und Tyr teilweise ebenso Bestandteil von Thor. Ebenso kann Freya ein Teil von Frigg und diese ein Teil der Nornen sein. Das ist zu Anfang verwirrend, doch das ist der Schlüssel zu den nordischen Göttern.

Odin/Wuotan

Er ist der Göttervater des Geschlechts der Asen.
Zu Beginn ein junger Krieger, dann jedoch als rasender Wuotan der Blutrunst verfallen. Zu spät merkte er, dass er sich mit dem Speer schlussendlich selbst verwundet hatte. Aus Scham und Sühne verstossen aus der Sphäre der Götter, durchstreifte er als grauer Wanderer Grimnir die Welt auf der Suche nach Weisheit.
Am Ende seiner Suche als Hangatyr[41] erkannte er, dass es das Festhalten an eigenem Stolz, Macht und Wesen waren, die ihn an den Baum des Lebens fesselten.
Sobald er dieses dunkle Wesen und somit die Illusion eines "Ich" aufgab, fiel er zu Boden, opferte seine ach so rationale Seite in Form eines Auges und gewann endlich die Weisheit des Lebensbrunnens.
Als Gylfi begegnete er sich selbst als Dreiheit aus Hoch, Ebenhoch und Gleichhoch: Der blindwütige Wuotan wurde zu Odin, erneut Friggs Gemahl und sehendem Göttervater.
Von Ihm kannst Du lernen, die Verhaftungen des Lebens loszulassen und unabhängig stark zu werden. Odin liebt den klaren Verstand in Form seiner Raben "Erinnerung" und "Gedanke". Den göttlichen Met der Skalden geniesst er nur tropfenweise, also vergiss Metbesäufnisse zu seinen Ehren!
Sollte er Dir, wenn überhaupt erscheinen, so tut er das in Gestalt eines einäugigen Wanderers oder in Gestalt einer Trias aus drei mächtigen Aspekten namens Vithir, Wili und We. In seiner milden Form als Oski oder "Weihnachtsmann" begibt er sich jedoch oft in dunkelster und kältester Zeit unter die Lebenden unserer Welt, um ihnen zu helfen.

Möchtest Du den Walvater wahrhaft ehren, so hilf den Bedürftigen.

---

41   Kein Fehler. Sein martialischer Tyrs-Aspekt hing verwundet im Baum.

Thor

Begegnet Dir im inneren Königreich je ein fröhlicher, rotbärtiger junger Familienvater, so freu Dich. Dann hat Dich der Handwerker und Bauerngott Thur für würdig befunden. Grundsolide, ehrlich, rauhbauzig und rechtschaffen ist er Und zur Überraschung Vieler, ein abenteuerlustiger Freund aller Naturwesen inklusive des ebenso rotbärtigen Riesen Rübezahl. Doch wenn er in den Götterzorn kommt, so verschwimmen seine Grenzen mit dem Kriegsgott Tyr/Tiu/Ziu. Seine mächtiger Kriegshammer Mjöllnar drischt dann mit Donner und Blitz auf die Köpfe von hochmütigen Ränkeschmieden und Betrügern ein – Riesen inklusive und bevorzugt.

Wenn Du Deine Lektion in aufrechter, offener Ehrlichkeit lernen möchtest oder nicht weisst, wie am besten mit niederträchtigen Wesen umzugehen, dann kann Dir Thor verraten, dass er seine grössten Siege stets mit Hilfe von Freunden gewonnen hat, welche sich einiger Tricks und Flunkereien zu bedienen wussten.

Arbeite hart und ehrlich, sei nicht hochmütig, lass Dich aber nicht übers Ohr hauen und Du wirst seinen Segen gewinnen.

Loki

Der Trickster unter den Asen schlechthin. In ihm sind die niederen Triebe der Riesen oft stärker als der Edelmut der geläuterten Asen. Sein Übermut und seine Narretei bringen nicht nur Ihn, sondern alle Asen abwechselnd zum Lachen und zur äussersten Verzweiflung. Mit seinen Tricksereien rettete er diesen dennoch mehr als einmal ihr jugendliches Leben und ihre Wehrhaftigkeit. Dennoch: Er ist der einzige nordische Gott, der bisher an der schlussendlichen Prüfung seines Daseins scheiterte. Er müsste bloss vergeben und den durch ihn verschuldeten Tod des Friedefürsten unter den Asen beweinen. Indem Odin diesen herzlosen Aspekt seiner selbst aus sich entfernte, verbannte er Ullr-Loki aus der Herrschaft der Asen.

Vorsicht, wenn Du ihm in einer seiner verführerischen Formen aus Weisheit, Wissenschaft und schnell errungenem oder vorgespiegelter Realität begegnest. Du kennst Ihn aus der Gestalt des Mephisto, des "Geistes der ewig hinterfragt" aus Goethes Faust.

Regelmässig stachelt Loki nichtsahnende Wesen der Realwelt dazu an, sich aus niederen Motiven gegenseitig das Leben sauer zu machen. Das Resultat sind nutzloser Zank und Hader. Gehe nicht auf die verlockenden Angebote, die ätzenden Pseudowissenschaftlichkeiten dieses schwefligen Stänkerers ein, sondern umhülle Dich mit dem Mantel der Liebe, wenn er Dir begegnet. Wie das geht, ist im nächsten Kapitel ab Seite 168 erklärt.

Tyr/Hangatyr/Tiu/Ziu

Der nordische Gott der Gerechtigkeit, des Zweikampfes und des Krieges ist ein Aspekt Odins. Sogar sein Lieblings"hund" Fenris ist nur noch eine wildwütende Bestie! Tyr verliert schlussendlich aus Ehrgefühl seine rechte Hand an Fenris und in der Mischform mit Wuotan ist er durch seine Wut in den Ästen des eigenen Weltenbaumes gefangen. Als Gott der Gehängten verstrickt und versteigt er sich so stark in seinem eigenen Schicksal, dem Wyrd, dass er tödlich verwundet in den Ästen des Weltenbaumes hängend, gekreuzigt durch sein eigenes Ungestüm endlich die Sinnlosigkeit seines bisherigen Tuns erkennt. Und dann, in der finstersten Stunde seiner tödlichen Prüfung, beraubt aller Göttlichkeit, erkennt er, dass es sein eigener Wille ist, der ihn ans Wyrd, das Schicksalsnetz des Lebens fesselt. Dieser Gedanke ist seine Erlösung und erlöst fällt er in die Tiefe. Am Boden schlägt er nicht etwa auf, sondern erwacht neben der Quelle des Lebens, Mimirs Brunnen. Nunmehr geläutert ist er endlich am Ziel seiner Träume angekommen, trinkt Weisheit aus seiner inneren Quelle und wird wieder zu einem Teil Odins. Seine verstandesmässige Verschlagenheit, Machtgier und sein eiskaltes Kalkül lässt er in Form seines rechten (rationalen) Auges als Opfer am Brunnen zurück.

Wenn Du es ihm gleich tun willst, so komm nicht auf die Idee, Dich zu verletzen. Es reicht nur schon, das rechte Auge eine Weile zuzukneifen, um mit dem linken einfach die Emotionen zuzulassen. Erkenne, dass jeder der durch das Leid anderer lebt, durch das Leid stirbt. – Die Anzahl Inkarnationen sind dabei sekundär.

Wer jedoch anderen Gutes tut, ohne Lohn zu erwarten, der kann sich aus den Netzen des Wyrd befreien und in unbedingter Liebe wahre Freiheit und die Achtung des nunmehr geheilten Tyr erlangen.

Frigg

Die gute Frau Frecke, Frigga oder auch Frau Holle, Archetypin aller weisen Fraulichkeit ist Meisterin des Spinnrades. Was sie spinnt, sind die Fäden des Lebens, des Schicksals selbst, die Fäden des Wyrd.

Sie mag all diejenigen, welche nicht über ihr Schicksal klagen, sondern es so annehmen, wie es ist und in jeder Situation tatkräftig und voll weiser Voraussicht anpacken. Sie belohnt all diejenigen fürstlich, welche, ohne nach Lohn zu fragen, tatkräftig und zuverlässig ihre tägliche Arbeit tun. Ein fröhliches, offfenes und heiteres Gemüt schätzt sie genau so wie massvolle Diskretion und Aufrichtigkeit.

Als Tochter der Erde selbst, spürt sie die feinsten Veränderungen im Netz der Wahrscheinlichkeiten und beeinflusst sie so, dass die Tüchtigen auf die eine oder andere Art belohnt werden und die Unwürdigen leer ausgehen. Sie weiss durch Sanftmut und Verstand ihren Willen zu bekommen, ohne ihrem Gemahl die Führungsrolle streitig zu machen. So wie Odin die Seelen der tapfer im Kampf Gefallenen, sammelt sie die Seelen aller Friedfertigen und Tüchtigen in ihrer Halle Fensalir.

Durch der liebesweisen Wane Freyjas Rat, wurde ihr nebst Weisheit auch die Liebe zuteil. Die Skadi in ihr ist einer warmen, gereiften Liebe gewichen. Deshalb liebt sie Ihren Odin auch doppelt, jetzt wo er am Leben gereift, den Frieden höher schätzt, als Kampfesruhm.

Sie ist eine mondweise Meisterin des Karma oder eben des Wyrd. Den Alten waren die Sterne aus Orions Gürtel als "Friggs Spinnrocken" bekannt. Mond und Venus sind ihre Himmelslichter. Ihr silbergraues Botentier ist der Graureiher. Zusammen mit Freyja und Idun bildet sie oft die nordische, weibliche Haupttrias. Dabei kann sie Dir entweder als Dreiheit oder als ein Wesen erscheinen.

Sollten Dir auf Deinen inneren Reisen je drei verhüllte Frauengestalten unterschiedlichen Alters oder eine einzelne alte Frau begegnen, so sei höflich, denn du könntest Frigg gegenüber stehen.

Freyja

Die tränenreiche Göttin der Liebe und der Zweisamkeit ist vom alten Geschlecht der Naturgötter oder eben der Wanen. Sie kennt jeden Aspekt der Liebe, sowohl Freud als auch Leid. Sie steht für den Reichtum der unverklemmten und offenen Liebe.

Wo sich viele prüde Frauen heute bloss begafft fühlen, badet sie geradezu in dieser Energie des Begehrens, nimmt sie auf, wird dadurch noch schöner und gibt sie in einem bezaubernden Lächeln zurück. – Kein Wunder, dass sogar Riesen sie begehren! In Ihrer Form als Gefjon verpasst sie solchen Verehrern schnell ein Zaumzeug, spannt sie vor ihren Pflug und lässt sie titanische Arbeit verrichten. Auch Könige haben schon ganze Teile ihrer Reiche an ihren Liebreiz verloren.

Wie eine Katze lässt sie sich gerne streicheln, doch behält sie stets ihren Willen und ist Meisterin darin, Männer um ihren Finger zu wickeln. Nur logisch, dass die Katze ihr Symboltier ist.

Kurz und gut, sie verkörpert den durch und durch natürlichen, weiblichen Teil der Fraulichkeit. Die pralle Kirsche ist ihre Frucht und unter einem Kirschbaum kannst Du auch ihren Rat in allen Liebesangelegenheiten erbitten.

Idun

Die Hüterin der Äpfel des ewigen Lebens ist eine Naturgöttin oder Wane. Sie verkörpert die ewige Jugend und Fruchtbarkeit des Weiblichen. Ohne sie altern sogar die Götter! Ähnlich der goldenen Äpfel der Hera im Garten der Hesperiden hütet sie die Äpfel des ewigen Lebens in ihrem Garten nahe ihrem Hof Brunnackr.

Ob ihr heiliger Hain identisch mit der Apfelinsel Avalon oder gar dem Paradies ist, entzieht sich menschlichem Wissen. Eventuell ist sie sogar die Dame vom See der Arthurslegende. Gewiss ist jedoch, dass die Gattin des weisen Dichterkönigs Bragi der lebensspendende, jugendliche Teil der nordischen weiblichen Trias ist.

Willst Du ihre Gunst erringen, so achte die Natur, Ehre die Fruchtbäume und selbstverständlich: Iss Äpfel! - In einem Samenkorn ihrer Weisheit steckt oft ein ganzer Baum.

Fjörgyn, Jörd

Die Erde selbst ist auch Mutter aller Götter und Göttinnen. Als ewig Gebärende lässt sie fortlaufend neue Kinder das Licht der Welt erblicken, welche flugs von Frigg ins Netzwerk der Wahrscheinlichkeiten eingewoben werden. Heute würde man globales Ökosystem dazu sagen.

Sie ist die Urmutter, die Urfrau und das Urweibliche. Wer ihren Wegen folgt, wird nicht fehl gehen. Wer sie jedoch ausbeutet oder dazu anstiftet, wird bald den Zorn ihrer Kinder der Götter zu spüren bekommen. Wer die Natur nicht respektiert, dessen inneres Königreich wird arm an Leben.

Mit Mutter Erde kannst Du Dich sehr einfach verbinden: Such Dir ein schönes Plätzchen Natur und nimm dort die Farben, Geräusche, Gerüche und anderen Sinneseindrücke aufmerksam wahr, bevor Du Deine Reise ins innere Königreich antrittst.

Baldur

Friedefürst, schönster aller Asen, Sohn der Liebe und wie seine Titel noch viele mehr waren: Erschlagen von unschuldiger Hand durch Lokis Neid und Missgunst. Allerdings kannte Odin in der Nacht, da Baldurs Totenschiff brennend in See stach bereits das grosse Geheimnis und konnte seinem geliebten Sohn drei magische Worte voll Gewissheit ins Ohr flüstern. "Du wirst wiederkehren!"

Nun, dass der Friedefürst in Form eines neuen Glaubens wieder zurückgekehrt ist, wird wohl niemand bezweifeln. Mal abgesehen vom offensichtlich teils infantilen Bodenpersonal, ist der Friedefürst nicht nur in Nordeuropa, sondern global zurückgekehrt. Ohne seine Rückkehr, ohne den Gott der reinen flammenden Herzensliebe und des Friedens allem Seienden wäre der Weltenbrand, das Ragnarök schlimmer ausgegangen!

So aber gingen, wie prophezeit die nordischen Götter unter, bis die beiden goldenen Tafeln mit dem einen Gebot[42] wieder entdeckt und in die Welt getragen wurden, sich der alte Glaube mit dem neuen versöhnte und die Götter dank Baldur, stärkstem Krieger unter allen Asen und Wanen, wieder ihre angestammten Plätze einnehmen können. Diesmal in Frieden.

Du findest Baldur an jedem Ort, der dem Frieden geweiht ist. Oft sind dies Plätze in der Natur, aber auch Kirchen.

Wanen
Mit dem Übergang vom Nomadentum zur Sesshaftigkeit vollzogen sich auch grosse Wertwechsel in der nordischen Gesellschaft, weg vom Schamanismus hin zu einem, durch verstandesgeleitete Götter beherrschten Glauben.

Die durch ihren Intellekt geleiteten jungen Asen stellten sich gegen die älteren Wanen, die ursprünglichen, animistischen Naturgottheiten, welche vor ihnen allein die Rolle von Göttern innehatten. Durch den Verstand geleitet machten Germanen und Norse erstmals Land urbar. Dazu wurde der alte Wald gerodet und gepflügt. – Ein Sakrileg, ja die Vergewaltigung von Mutter Erde in den Augen der Wanen. Damit verschlossen die Asen sich wie ihren Anhängern aber den Zugang zu ihrer eigenen Natur und mussten ihn, teils unter grossen Mühen wieder erringen (vgl. Odin, Tyr, Frigg).

Nach einiger Zeit sahen sowohl die neuen Götter, als auch die Menschen Midgards ein, dass es gilt, nicht gegen, sondern mit der Natur in Eintracht zu leben. So fanden die alten Wanen Eingang in den germanischen Götterhimmel und bereicherten diesen um ihre Harmonie und ihre diversen Kräfte.

Es wäre höchste Zeit, dass auch wir etwas von unserem Pseudoverstand abrücken, dass wir wieder lernen die Wanen und damit unsere eigene, sowie die äussere Natur zu respektieren, zu schätzen und schliesslich zu lieben!

---

42 Liebe Deinen Nächsten wie Dich selbst. - Liebe Dich selbst und trage erst dann diesen harmonischen und liebevollen Frieden in die Welt derer, die Dir nahe sind.

Freyr

Er ist der fröhliche und ungestüme, doch äusserst romantische Potenzgott schlechthin! Unfeine Menschen nennen ihn auch den "Immerständer" und genauso, mit Hirschgeweih und erregtem Glied auf seinem goldenen Eber "Goldborste" reitend, wird er oft abgebildet.

Ohne seine Befruchtung, ohne sein süsses Sehnen käme jegliche Fortpflanzung und damit das Leben selbst zum Erliegen. Nur konsequent, dass er als Bruder der männliche Aspekt von Freyja ist.

Freyr mag keine eiskalten Moralapostel. Wer ihn in sich selbst, wie viele Mönche aller Religionen verleugnet, in dem bricht er sich wie eine wütende Wildsau Bahn. Wer ihn aber wie der junge Wuotan gar jagt und verletzt, der verletzt sich selbst und wird quasi zum "durch einen Jagdunfall" impotenten und machtlosen Fischerkönig der Gralssage, zum verstossenen Wanderer, Bettler im eigenen Königreich.

Wie der verstossene Wuotan müssen wir lernen, unseren Verstand so zu nutzen, dass wir damit nicht unsere Gefühle und unsere Natur verletzen. Gib nie Deine Potenz aus der Hand! Opfere nie deine Souveränität, auch nicht aus Liebesbegehren. Denn ohne Schwert, der Verlockung Gerdas erlegen, wird Freyr zum harmlosen Bettvorleger der durchtriebenen Riesentochter (vgl. S.160).

Was wenige wissen ist, dass er auf geheimnisvolle Weise wieder zu voller Macht und einem neuen Schwert gelangte und Gullinborsti vollständig heilte, nachdem der verstossene Wuotan als Odin zurückgekehrt ist. Freyr steht für die unbändige Kraft des Lebens und wird jeden Frühling von Neuem auferstehen. - Sehr zum Entsetzen der Frost- und Steinriesentochter, die ihn dann nicht halten kann.

Nimm Dir Freyrs Schicksal als Beispiel und hüte Dich vor vermeintlich süssen erotischen Verlockungen, die dir zuerst die Kreditkarte und alsbald die Lebenskraft selbst aussaugen. Brich immer wieder in einen neuen Frühling auf.

Wenn Du ihn verstehen willst, so rate ich Dir, ein Pflänzchen zu studieren, welches eine Asphaltdecke aufreisst. Oder Du setzt Dich an eine möglichst grüne, sonnige Stelle im Frühlingswald und lauschst dem Liebeswerben der Natur um Dich herum.

Sif

Die Herrin mit dem goldenen Haar ist die Gattin des Thor. Ihre Beziehung ist urtümlich, teils gar brachial, wenn er pflügt, schmiedet oder sät, und genau dadurch von tiefer Harmonie, Liebe Respekt und Verständnis durchdrungen.

Das dauerhafte Liebesband zwischen ihr und Thor wurde übrigens unter einer Eberesche geknüpft. Sif verkörpert die häusliche Liebe, die Fruchtbarkeit, die bestellten Felder und die traute Zweisamkeit, Zierde jedes Hauses.

Im Gegensatz zur wilden Natur ist sie die von der tüchtigen Hand bestellte Natur. Ihre berühmten goldenen Haare sind das Korn im Wind. Oft trägt die Göttin aller Bäuerinnen und Handwerkersfrauen auch Blumen wie Margerite, Wegwarte oder den roten Mohn darin. Die stets fleissigen und fröhlichen Schwalben, welche oft im Stall nisten, sind ihre Wappenvögel.

Es sind die Früchte der Arbeit, Dein stetes Bemühen und ehrliche Arbeit, welche Dir den Respekt Sifs einbringen. Arbeite redlich und bewahre ihr zu Ehren die drei letzten Ähren des Jahres an einem hellen Platz auf und sie wird Dir, wenn auch beinahe unmerklich helfen.

Wird die bestellte Natur nicht respektiert, falsch bestellt oder gar ausgebeutet, so erregt das übrigens den Zorn ihres Gatten. Und dass dessen Hammer "Mjölnar" schlussendlich immer trifft, dürfte wohl bekannt sein.

Widar

Ein Mann der Taten, nicht der Worte. Schon seit keltischen Zeiten ist der wilde Bär bekannt, welcher sanft und oft im Verborgenen das junge Lichtkind vor allen Gefahren beschützt. Wenig ist über den Gott mit dem dicken (und vor allem schnellen) Schuh bekannt, ausser dass er nicht schwätzt, sondern beherzt und erfolgreich handelt.

Mit dieser Einstellung ist er einer der alten Götter, welche sogar den Weltenbrand überlebt haben. Heutzutage sieht man ihn oft in Gestalt eines grünen Mannes (vgl. S.94) umherstreifen. Als St. Christophorus ist er ein beherzter Helfer in der Not.

Er mag Kinder, Honig und Haselnüsse. - Sofern Du nicht Imker werden willst, kannst Du Deine Reise ins innere Königreich ja unter einem Haselstrauch beginnen, um ihm zu danken oder ihm zu begegnen. Doch erwarte keine grosse Konversation: Er ist der Mann der guten Tat, die getan werden muss.

Wenn Du das nächste Mal einer grossen Gefahr entronnen bist, so kann es schon sein, dass der schweigsame Widar seine Hand im Spiel hatte.

Njörd

Er ist der meist friedliche Herr der Gewässer, sowohl der Bäche, als auch Flüsse, Seen und Meere. Vor Anbeginn der Zeit war dieser mächtige Wane, wie der griechische Neptun unentschieden, ob er auf der Seite der Götter stehen solle oder nicht.

Der gewaltige Konflikt zwischen den Feuer- und Frostriesen liess ihn die Nutzlosigkeit der Gewalt erkennen. Als Herr Noahtuns ist er beiden an Macht weit überlegen, vermag er doch sowohl das Feuer zu löschen, als auch die Kälte unter einem Eispanzer aus Wasser zu fesseln. Ja, er hätte sogar ein Riesenherrscher sein können. Doch er, das Wasser in allen seinen Formen, liebt die Harmonie und nicht den Krieg.

Njörd hat seine Wahl getroffen und sich für den Frieden entschieden und stellt seine Macht dem Leben zur Verfügung. Auch als er durch einen Irrtum mit der eiskalten Bergriesentochter Skadi verheiratet wurde, fand er einen friedlichen Weg: In Form der Wolken kommt er sie oft besuchen und das darauf folgende muntere Lachen eines Bergbaches im Frühling kennt wohl jeder...

Wie das Wasser überwindet die ruhige und doch unaufhaltsame Macht Njörds jedes Hindernis, füllt mit der Zeit jede Senke und knackt und befruchtet auch die härtesten Böden. Kein Wunder ist er der Vater von Freyja und Frejr! Aber hüte Dich vor seiner grausamen Tochter Ran und ihren Töchtern, den Sirenen. Nur zu gerne verschlingen sie unachtsame Seefahrer oder Kinder am Teich.

Wenn Du Njörd verstehen willst, so gehe ans Meer. Betrachte lange die Wellen, lausche den Vögeln und spüre den tiefen Frieden in Dir. Ergreift Dich darauf die Sehnsucht, so fahre zur See, so wie es dereinst schon einmal ein junger Mann machte, um seine Bestimmung zu finden und der Welt eine neue Religion des Friedens zu bescheren.

Riesen
Riesen sind das nordische Gegenstück zu den griechischen Titanen. Diese ungeschlachten, rohen und unbeherrschbaren Elementarkräfte gliedern sich in Frost-, Feuer- und Steinriesen. Sie stehen für die unbeherrschten Emotionen von Härte, Gier und Hitzigkeit.

Es sind die Feinde der verstandesgeleiteten Asen. Doch durch die Weisheit der alten Wanen, der Naturgötter und die Macht Baldurs Vergebung sind sie derzeit ruhig. Einige kommen als Riesentöchter auch in hilfreicher Form vor, welche sich teils sogar mit Asen und Wanen vermählten.

Wenn Du es mit Riesen zu tun hast, so stehen sie für Deine ungezügelten, ursprünglichen Triebe, die unumstösslichen, brachialen Naturgewalten. Versuche dennoch sie zu verstehen, denn im Verständnis liegt die Wurzel der Überwindung.

Skadi

Die arme Riesentochter Skadi verlor durch der Asen Hand ihren Vater, wodurch sich ihr Herz in Eiseskälte verschloss. Sie mag Männer meist eben so wenig wie ihre Griechische Kollegin Diana. Wie diese ist sie eine Göttin der Jagd mit Pfeil und Bogen. Um sie zum Lachen oder gar in Wallung zu bringen, bedarf es schon einer speziellen Form von Sadomasochismus.[43]

Solltest Du Dich, warum auch immer zu stark von der Aussenwelt, dadurch vom Leben und von Dir selbst abgegrenzt haben, so sei getröstet: Weder hielt es sie lange bei ihrem Gatten Njörd, noch diesen bei ihr. Doch Frigg, Freyja, und Idun gaben Njörd den Schlüssel zur Befreiung Skadis aus ihrem eigenen Gefängnis. Und bald schon schmolz das erstarrte Herz der Eiskönigin der Berge im Frühling. Wenn Njörd sie in Form von aus dem Meer aufgestiegenen Regenwolken besuchen kommt, taut das Eis und Skadi wird wie ein Bergbach zum lachenden Mädchen der Berge.

Sprich mit ihr und erlange ihre Weisheit in einer blühenden Alpwiese oder nahe einem Bergbach. – Sich in Schmerz isolieren kann jede(r). Doch das wahre Leben ist zu schön, um sich zurückzuziehen!

Gerda

Niemand kann einen Mann mit unschuldigen Kulleraugen und Kindchengesicht so eiskalt in die Liebesfalle tappen lassen wie die Riesentochter Gerda. Wie die griechische Circe weiss sie Männer zu ihrem eigenen, kurzfristigen Vorteil auszunutzen. Sogar Freyr hat sie sein Schwert und somit seine Potenz abgeknöpft und den Riesen zugespielt. Von ihr können wir lernen, dass nicht jede(r) der ein harmloses Dummchen spielt, dies auch ist…

Stark ist sie heutzutage und viele Männer sind schon in die Alimenten- und viele Frauen in die Ehefalle getappt. Drum horche nicht nur auf Herz oder Verstand, wenn Du liebst, sondern auf beide.

---

43 Wie Loki mit einer öffentlichen BDSM Performance bewies. Sie fiel ihm daraufhin lachend in den Schoss…

Wenn Dir in dieser oder der Anderswelt die süsse Versuchung begegnet, so frage nach dem gewünschten Liebespfand, und gib niemals Deine Souveränität!

Wie am Beispiel von Sakdi und Gerda beschrieben, will die Gunst der Riesentöchter erst erworben werden. Auch Hyndla, Eir und Grid sind demjenigen, der Zugang zu ihnen findet, dann aber mit ihrer Kraft, Weisheit und Heilkunst zu Diensten.

Zwerge

Bei Axt und Hammer, Schild und Schwert: Lach mir nicht über die Gartenzwerge. Ohne die Salze des Bodens könnte keine Pflanze wachsen!

Die Schwarzalben, wie die Zwerge auch genannt werden, sind die wahren Meister der unterirdischen Schätze: Edelsteine, Erze und die zu ihrer Erschliessung und Verwendung notwendige Ingenieurskunst suchen ihresgleichen. Die berühmtesten, Sindri und Brokk sind dermassen geniale Schmiede und Erfinder, dass ihre Werke sogar den Göttern von immensem Nutzen sind.

Den Naturschutz lassen einige ihrer Vertreter dabei zu Gunsten des erstrebten Reingewinns ebenso weg, wie gefühlsmässige Feinheiten. Denn alle Schwarzalben sind gute Nachbarn der Erdriesen, was sie manchmal etwas gierig werden lässt. Unter den Vertretern des Zwergenreichs gibt es aber auch einige ethisch und moralisch hochgebildete Wesen, die sich mit den Wanen und der Pflanzenwelt bestens verstehen.

Wenn Du mit Zwergen reden möchtest, so mach Dir entweder ihre Vorliebe für Pilze zunutze und beginne Deine Reise ins innere Königreich in der Nähe von Pilzen, oder begib Dich für erstgenannte Ingenieurszwerge in eine Schmiede, eine Erfinderwerkstatt oder ein Bergwerk.

Doch sei gewarnt: Diese grummeligen Gesellen verhandeln härter als jeder Schotte! – Ausser sie mögen Dich.

Lichtelfen

Die Alben der Natur sind das, was bei den Indern als Devas und bei den Griechen als Dryaden beschrieben ist: Engelsgleiche, beinahe ätherische Wesen ungeheurer Schönheit und Weisheit.

Wer die Lichtelfen als harm- und hilflos betrachtet der fehlt: Lichtelfen kennen das Konzept von Leben und Tod kaum, ist doch ihr eigenes Bewusstsein beinahe unvergänglich. Das Sterben einer Pflanze ist für sie zwar schmerzlich, doch nicht tödlich. Auf geheimnisvolle Weise teilen sich alle Elfen einer Pflanzenart einen grossen Teil ihres Bewusstseins. Die Pflanzen eines Waldes sprechen miteinander und nehmen jeden Besucher genau wahr.

Weil sie den Tod nicht so ernst nehmen, schützen sich viele Pflanzen mit tödlichen Giften vor dem Verzehr durch manche Tiere und den Menschen. Lass die Finger davon, wenn Du nicht genau weisst, wie bekömmlich die Pflanze ist. Das gilt auch für andere Formen der Einnahme. Auch wenn manche Elfen ihre Beeren für die Vögel verlockend färben, heisst das nicht, dass sie für uns Menschen gedacht sind.

Die Elfen der nicht verholzenden Pflanzen, die Wurzelkinder, ziehen sich im Winter unter die Erde zurück und sind kindlicher, doch ebenso weise und liebevoll wie die erwachsener erscheinenden Baumelfen.

Wenn Du mit ihnen zu sprechen weisst, findest Du in ihnen mächtige, weise und gütige Lehrer; echte Freunde für jede Lebenslage. Mehr dazu in Band 1 "Sprechen mit Bäumen" aus dieser Reihe.

Walküren

Odins Kriegsjungfern und Schildmaiden tragen die Seelen der ehrenvoll im Kampfe Gefallenen nach Walhall, wo sie bis zum jüngsten Tag den Kampf trainieren und zechen.

Was wenige wissen ist, dass auch Frigg durch ihre engelsgleichen Walküren die Seelen aller rechtschaffenen Menschen in ihre Halle Fensalir führen lässt.

Solltest Du im inneren Königreich einer Walküre begegnen, so hoffe ich, Du hast Dich bis dahin auf die eine oder andere Art als wertvolles Mitglied der Gesellschaft erwiesen.

Hel

Sie ist die zwiegesichtige Herrscherin des nordischen Totenreiches. Für die einen süsse Erlösung, für die anderen jäher Schmerz, entreisst sie manchem unbarmherzig das Leben noch bevor es in den Armen der Walküren Erfüllung gefunden hätte.
Wenn Du in Versuchung geraten solltest, durch die Hilfe von Drogen in die Anderswelt zu reisen, kannst Du ihr für kurze Zeit gegenüberstehen – oder für alle Ewigkeit.

Sleipnir

Das achtbeinige Ross Odins kam auf recht drollige Weise zur Welt, nämlich nachdem sich Loki von einem Hengst schwängern liess. Ansonsten ist es dem griechischen Pegasus sehr verwandt. Ohne Zweifel ermöglicht Sleipnir seinem Reiter Reisen in alle Welten Yggdrasils.

Doch Vorsicht: Es ist ein Kind Lokis. Wer es nicht zu bändigen weiss, der wird sich bald an Orten wiederfinden, wo er gar nicht hin wollte. Wie viele vermeintliche Hilfsmittel, um in andere Welten zu reisen, birgt es sowohl eine verlockende Geschwindigkeit, als auch grosse Risiken. – Steig nur auf, wenn Du sicher bist, wohin die Reise geht!

Jörmungander

Die allumfassende Weltenschlange liegt versunken in dumpfem Brüten auf dem Grund des Meeres. Jörmungander steht für die Energie von Erde und Meeresboden, die mächtige ungezügelte Drachenenergie der Erde. Man sollte ihn respektieren und gut beobachten.

Diejenigen, welche meinen ihn, also die Verschiebung der Erdplatten im Ozean und gleichsam alle Urkräfte des Globus zu beherrschen, irren sich. Es gibt Kräfte auf dem Meeresboden und tief unter der Erde, welche derzeit ruhig sind und auch noch lange bleiben, angesichts derer wir uns aber unserer eigenen Unbedeutsamkeit ruhig bewusst werden dürfen.

Die drei Nornen

Wer die drei Nornen mit der Trias aus Frigg, Frejya und Idun gleichsetzt, der irrt nur teilweise. Denn wer die Nornen wirklich sind, bleibt ein Geheimnis. Sie sind weder an Rasse noch Alter gebunden und es gibt ihrer viel mehr als nur drei.

Jeder Mensch hat eine Norne, welche über ihn wacht. Heute würde man Schutzengel oder die gute Fee jedes Kindes sagen. Bei den Griechen wären sie je nach Betrachtung Moiren oder Parzen. Aus hinduistischer oder buddhistischer Perspektive könnte man sie als gütige Meisterinnen des Karmas bezeichnen.

Die drei bekanntesten Nornen sind Urd, Verdani und Skuld[44] oder Zukunft, Augenblick und Vergangenheit. Am Fusse der Weltenesche pflegen sie deren Wurzeln mit Heilerde und den Wassern aus dem Seelenbrunnen. Sie weben das Netz des Lebens aus den Lebensfäden aller Sterblichen, ja sogar der Götter, das Wyrd – Das was eben dauernd wird. Aus der Vergangenheit fliessen dauernd Einflüsse in den Augenblick und ergeben dann die Zukunft..

---

44   Urd ist das Wyrd selbst. Verdani ist die im Werden Begriffene, Skuld das was werden soll. – Sie hat nichts mit dem Wort „Schuld" zu tun.

Irgendwann ist der Lebensfaden jedes Sterblichen vollendet und wird von ihnen abgeschnitten. Das macht auch Sinn, denn irgendwann ist jede Spindel ja voll und es passt kein Faden mehr drauf. Ihr grosses Geheimnis ist, dass jeder Faden, auch wenn er abgeschnitten wurde, auf einer anderen Spindel von neuem anfängt... Glücklicherweise verstehen die drei ihr Handwerk zudem aufs Vortrefflichste, so dass die Fäden der Lebenden nur selten vorzeitig reissen...

Begegnet Dir also auf Deinen Traumreisen eine geheimnisvolle Frau undefinierbaren Alters, so erweise Dich als respektvoll. Es könnte sich um (D)eine Norne handeln. Und alle unsere Taten der Vergangenheit aus diesem oder anderen Leben ergeben unfehlbar die goldenen Fäden unserer Zukunft.

Erlöste Wesen aus eigenen Seelenanteilen

Manche Dinge und Wesen in unserem inneren Königreich sind einfach von Anfang an schön. Allein sie zu betrachten oder an sie zu denken, gibt unserem Herzen Liebe und unseren Gedanken Frieden, unserem Körper Ruhe und Entspannung.

Dies sind die bereits erlösten Seelenanteile. Im tibetischen Glauben werden sie auch als "Tulkas", im Druidentum als Seelenhelfer verehrt. Anders als Totems stammen sie aus unserem eigenen Innersten. Sie sind es, welche uns mit unseren Fähigkeiten, Talenten und Stärken ausstatten. Werden sie gefördert, so erblühen sie wie Blumen und beginnen zu strahlen wie tausend Edelsteine, in denen sich die Regenbogen der eigenen Liebe reflektieren.

Sie werden uns als Gaben in die Wiege gelegt oder erwachen im Laufe unseres Lebens durch Reife und erwach(s)en werden. Hege und pflege Deine Qualitäten sorgfältig in Liebe und Achtung.

Doch Vorsicht: "Neidische Insekten stechen immer die schönsten Früchte." Das wusste schon meine Uroma und die musste es als weise Frau schliesslich wissen. Lass Dich von niemandem wegen Deinen Gaben verspotten! Such Dir ein Umfeld und Freunde, in welchem Deine Qualitäten geschätzt anstatt beschmutzt werden.

Bleibe aber angesichts Deiner Qualitäten und Fähigkeiten vorzugsweise bescheiden, damit kein Neid Dich treffe. Achte im inneren Königreich gut auf Deine erlösten, himmlischen Geschenke: Hochmut, Überheblichkeit, Faulheit oder Gleichgültigkeit können sie ernsthaft gefährden.

Wenn eine Deiner inneren Pflanzen zu welken beginnt, so pflege sie mit Liebe und gehe in Dich, um dem armen Ding zu helfen. Damit hilfst Du Dir selbst.

Innere Dämonen, Teufel und Schreckgespenster
Damit sich Dir die Pforten aus dem inneren Königreich in andere Welten überhaupt öffnen, ist es unabdingbar, zunächst Dein eigenes inneres Königreich und somit Dich ins Gleichgewicht zu bringen. Vor beinahe allen anderen Welten stehen Wächter, die Dich erst dann passieren lassen, wenn Du Dich als würdig erweist. In den semitischen Glaubensrichtungen behütet beispielsweise der Erzengel Gabriel oder Dschibrill mit seinem Flammenschwert das Paradies, auf das die Brut Kains es nicht betrete. Abel jedoch ist eingetreten…

Und komm bloss nicht auf die Idee, Du seist in der Unterwelt willkommen, wenn Du was auf dem Kerbholz hast: Kerberos oder Gram heisst der Wachhund der Unterwelten. Eigentlich ein liebes Tier, aber seinen Job nimmt er sehr ernst!

Falls Du in Deinem Leben eine wirklich grosse Schuld auf Dich geladen hast, so ist es möglich, dass Dir der Zugang ins innere Königreich durch Wächter so lange erschwert wird, bis Du Die Angelegenheit durch Wiedergutmachung, Sühne oder Busse erledigt hast. Sei Dir bewusst, dass alle Deine Taten und Gedanken in der Alltagswelt, als auch Deinem inneren Königreich, für diese Wächter erkennbar sind. Es führt kein Weg daran vorbei, an uns zu arbeiten, wenn wir weiter kommen wollen. Deshalb sind wir schliesslich in unsere Körper geboren worden!

Umgang mit inneren Widersachern

Der Umgang mit negativen Wesen im Inneren Königreich bedarf der steten Übung. Da es sich um Geistwesen handelt, ist ein Ringen und ein Kampf mit dem Ziel sie zu überwinden meist aussichtslos. Manche esoterische Strömungen propagieren Schutzkreise, Amulette, Pentagramme, Drudenfüsse - was auch immer. Diese alle sind aber meist nur Abgrenzungen, ein nicht wahrhaben wollen, ein sich isolieren von der Realität. Dadurch werden aber weder diese, noch die innere Realität verbessert.

Insbesondere nach einer wirklich geglückten Meditation, entspannenden Ferien oder einem schönen Erlebnis können uns altbekannte, aufgelöst geglaubte, negative Verhaltensweisen nämlich schlagartig wieder einholen, sobald wir uns wieder in der Realität befinden. Oft reagieren Meditierende aller Richtungen angesichts der offensichtlichen Disharmonie dann ganz besonders gereizt.

Die Überwindung von negativen Geistwesen im Inneren Königreich oder Anderswelten geschieht nicht so sehr durch heroische Kämpfe, als vielmehr durch die Erlösung der negativen Wesenszüge. Wären wir jetzt in irgendeinem Psychobuch so würde ich von ungelösten Wesensanteilen des eigenen selbst sprechen. Diese Wesensanteile können aus früheren oder aus dem jetzigen Leben stammen und durchaus auch durch negative Einflüsse von aussen bedingt sein. Ein einfaches Ignorieren oder Schönschwätzen greifen auf die Dauer denn auch zu kurz.

Wenn wir uns die alten Druiden anschauen, so fällt uns als gemeinsames Wesensmerkmal eine besondere Güte und ein tiefes Verständnis der Zusammenhänge in dieser und anderen Welten auf.
Es ist genau diese Güte und dieses tiefere innere Verständnis, welches ihnen gestattet, Widersacher im Inneren Königreich zu überwinden. Um Dämonen oder innere Widersacher gewaltfrei, und nur so geht es, zu überwinden oder einzunehmen, muss man sie harmonisch auflösen. Dies kann ausschliesslich durch Mitgefühl erfolgen. Jegliche Versuche innere Widersacher durch Gewalt zu überwinden sind zum Scheitern verurteilt, da diese Geistwesen unsterblich sind, so lange ihr emotionales Muster aufrechterhalten bleibt.

Genau da setzt eine alte buddhistische Weisheit an: "Wenn ein Dämon Dich heimsucht, biete ihm Tee an und lass ihn sprechen". Das innere Königreich ist keine "Ferieninsel der Glückseligen". Sieh es eher als eine entspannte Landschaft Deiner selbst, in der Du allein durch die Kraft Deiner Gedanken in und an Dir schöpferisch und gestalterisch arbeiten kannst. Der liebevolle Umgang mit Dir und somit auch Deinen negativen inneren Aspekten gehört dazu.

Manche negativen Wesen entpuppen sich bei näherer Betrachtung als sehr wertvolle Begleiter: Eine reale Sexualität beispielsweise ist in unserer Gesellschaft seit Jahrhunderten weitgehend tabuisiert und ausgegrenzt. Nicht nur bei Pfaffen schiesst sie deshalb entweder unter Hochdruck als Perversion aus allen Löchern oder sie erstarrt als Frigidität zu Eis. Da hat die Aussenwelt einen Seelenbegleiter verunstaltet.

Also bade dieses Wesen im inneren Königreich in einem Wasserfall aus Liebe, Zuneigung und Entspannung. Höre ihm aufmerksam zu, würdige seine individuellen Vorlieben und heisse es dann in Liebe in Deinem Haus willkommen auf das sich der negative Schmutz löse und das Wesen heilt und in seiner eigenen Liebe zu erstrahlen beginnt. Du kannst das immer wieder tun und Dich so selbst von Schuldgefühlen und anderem Schmutz von aussen heilen. Das klappt aber nicht nur bei Sexualität, sondern auch bei Sprache, Schulfähigkeiten, Kindheitstraumata, ja persönlichen Verletzungen aller Art.

Es geht nicht darum, anderen zu vergeben, das kommt später, sondern den verletzten oder unterdrückten Anteilen in Dir Heilung zukommen zu lassen. Bei den meisten Menschen sind das nicht besonders viele und ernsthaft betrachtet geht es da auch oft um negative innere Wesen der zweiten Art, die sogenannten Charakterfehler oder unerlösten Seelenanteile. Selbstmitleid, Selbstgerechtigkeit gehören nebst Zorn, Hass, Neid und Gier sowie ein paar anderen dazu. Wenn also ein unerlöster Seelenanteil unsere innere Landschaft verunstaltet, so ist der erste und wichtigste Schritt seine Existenz anzuerkennen. In einem zweiten Schritt müssen wir uns klar werden, dass dieses Wesen in seiner negativen Form in unserem inneren Königreich unerwünscht ist.

Das unterscheidet übrigens die Druiden von Hexern, welche oft Sklaven ihrer negativen Geistwesen sind und Magiern, welche deren Existenz schlicht zu ignorieren versuchen. Leider geht weder das eine noch das andere lange gut, denn es führt kein Weg an der inneren, liebevollen Läuterung vorbei. Dazu ist es weder notwendig zu fasten, noch sich zu kasteien oder gar zu exorzieren: Die liebevolle Anerkennung der eigenen unerlösten Seelenanteile und der sanfte Vorsatz, sie durch Achtsamkeit und Liebe im Alltagsverhalten aus ihrem eigenen Gefängnis zu befreien, ist vollkommen ausreichend.
Sei ganz einfach im Alltag mitfühlend und liebevoll, freu Dich mit anderen über deren Glück und es wird Dir selbst in bisher ungeahntem Masse zufliessen. Es gibt keine Obergrenze des Glücks!

Ich spreche nicht von übertriebenem "HappyHappy"Gehabe wie man es bei manchen Esoterikern kurzfristig beobachten kann, sondern einfach einem liebevollen Miteinander in Achtsamkeit. Dazu gehört auch der angemessene Umgang mit Provokationen von Menschen und Wesen, die "das Heu nicht auf der gleichen Bühne" haben wie wir.

Nutze unter allen Umständen das innere Königreich um mit diesen negativen Wesen zu diskutieren, sie zu erforschen und ihren Hintergrund zu erkennen. Du wirst, je länger Du sie untersuchst, feststellen, dass sie nichts anderes als pervertierte, also ins Gegenteil verdrehte, positive Charaktereigenschaften sind. Wenn Du es richtig anstellst, wirst Du mit der Zeit feststellen, dass sich Zorn in Grossmut, Neid in Freude, Gier in inneren Reichtum, Angst in Zuversicht, Selbstmitleid in Souveränität und Selbstgerechtigkeit in Achtung vor den Mitmenschen verwandelt.

Das funktioniert ausnahmslos mit allen negativen eigenen Seelenanteilen so. Mit etwas Übung wirst Du staunen, wie souverän Du auch die anspruchsvollsten Prüfungen des Lebens voll gelassenem Gleichmut und Präsenz in Liebe und Achtsamkeit zu meistern vermagst.

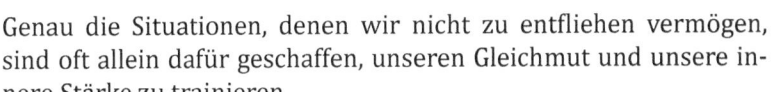

Genau die Situationen, denen wir nicht zu entfliehen vermögen, sind oft allein dafür geschaffen, unseren Gleichmut und unsere innere Stärke zu trainieren.
Ich rede nicht davon, sich vorbehaltlos zur "Schnecke" machen zu lassen! Wenn Du eine Situation ändern kannst oder Hilfe benötigst, so handle! – Aber nicht geleitet von Selbstmitleid, Selbstgerechtigkeit, Zorn, Hass, Neid oder Gier.

Es gibt Druiden, welche dies als den schwersten Teil der Arbeit im inneren Königreich betrachten. Persönlich sehe ich es eher als eine Art Abkürzung zum Glück. In den folgenden beiden Kapiteln also eine genauere Anleitung, wie man mit diesen und anderen negativen Geistwesen umgehen kann.

Transformation von negativen Geistwesen durch Liebe
In der inneren Welt können Dir beileibe nicht nur "Echos" und personifizierte Emotionen aus der Realwelt, sondern auch andere negative Wesen begegnen. Besonders ganz am Anfang, wenn Du die ersten Male in die innere Welt reist, kann es sein, dass du durchaus auch veritablen Dämonen, Schreckgespenstern oder ähnlichem begegnest. Hab keine Angst: Wenn Du richtig mit ihnen umgehst, können sie Dir nicht weiter schaden.

Im Gegenteil: Schaden fügen Sie Dir durch ihre unerkannte Existenz zu. Sobald Du einen Dämonen und vor allem seinen Namen kennst, besitzt du Machst über ihn und kannst ihn zum Engel wandeln. Wenn Du einem Dämon im Inneren das erste Mal begegnest, so sei sicher, dass er Dich nicht weiter verletzen kann, sofern Du Dich mit dem Schild der Liebe rüstest.

Das in allen Kulturen bekannte Verfahren ist überraschend einfach: Wenn Du zu meditieren, Dich in Dein inneres Königreich zu versenken beginnst, so stellst Du Dir vor, dass Du auf einer riesigen Blüte sitzt, geborgen in den Blütenblättern und sich rund um die Blüte herum eine Kugelhülle aus weissem Licht und purer, reiner Liebe befindet. Je mehr Du davon aus Deinem Herzen verströmen und in die Hülle einfliessen lassen kannst, desto stärker ist Dein Schild der Liebe. Die alten Inselkelten nannten dies übrigens das "cloak of love".

Wenn du stark in der Liebe bist, so wird dir kein negatives Wesen Schaden können. Im Inneren Königreich braucht es dafür eine vergleichsweise geringe Menge an Liebe. Sie verbraucht sich auch nicht sondern wird mit Gebrauch stets stärker.

Stell dir dazu einfach vor, Du sitzt in dem geborgenen Raum Deiner Seelenblüte und streckst dem negativen Wesen deine ganze Liebe dein ganzes Mitgefühl aufrichtig und in tiefen inneren Frieden entgegen. Das Wesen wird zunächst versuchen Dich mit Argumenten, Gewalt, Bedrohungen, und allen ihm zur Verfügung stehenden Mitteln, zur Aufgabe zu bewegen. Sei getrost, du bist in deinem Inneren Königreich. Negative Wesen können Dich auch dort bedrohen oder verführen, Dir aber nichts antun.

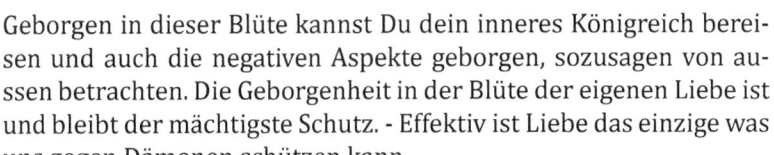

Geborgen in dieser Blüte kannst Du dein inneres Königreich bereisen und auch die negativen Aspekte geborgen, sozusagen von aussen betrachten. Die Geborgenheit in der Blüte der eigenen Liebe ist und bleibt der mächtigste Schutz. - Effektiv ist Liebe das einzige was uns gegen Dämonen schützen kann.

Versuche bei diesen negativen Entitäten, das kann ein Brombeerverhau, ein hässlicher Vogel, von mir aus sogar ein ausgewachsener Drache sein, herauszufinden was sie hervorgebracht hat, was sie sind, was sie darstellen und woran sie leiden. Sobald du ihnen voll Mitgefühl und Liebe hilfst, verwandeln sie sich in andere, wunderschöne, sogenannte erlöste Wesen und stehen dir ab dann als Helfer im Inneren Königreich und sogar in der Realität zur Verfügung.

Beispielsweise kann es in Dir einen Dämonen namens "Aggression" geben. Wenn man Aggressionen erkennt stellt man vielleicht Hilflosigkeit als Ursache fest. Eine Ohnmacht, der man sich nun gewahr wird, das es in Ordnung ist, nicht immer allmächtig sein zu müssen und man gewisse Dingen auch einfach auf sich beruhen lassen kann. So finden diese Ohnmacht und somit der Dämon der Aggression ihren Frieden.

So oder so ähnlich ist es mit allen negativen Geistwesen, die Dir am Anfang als unordentlich, unschön oder gar in seltenen Fällen als bedrohlich erscheinen mögen.

Die Überwindung durch Mitgefühl kann nur dann erfolgen, wenn es unvoreingenommen, unbedingt aufrichtig und ehrlich erfolgt. Die Entwicklung grossen Mitgefühls kann aber nur dann erfolgen, wenn die Einsicht erfolgt ist, dass Mitgefühl der richtige und einzige Weg ist und wir mit voller Überzeugung an unsere innere Arbeit gehen. Diese volle Gewissheit wiederum basiert auf der Erkenntnis, dass es sinnvoll ist, sich dem Guten zuzuwenden und dass der Weg nach unten mit all seinen Versuchungen und negativen Emotionen grundsätzlich zum Scheitern verurteilt sein muss.

Ist diese grundsätzliche Einsicht nicht erfolgt, so ist es beinahe aussichtslos, innere Widersacher durch grosses Mitgefühl zu überwinden. Um diese Einsicht zu entwickeln gibt es derzeit verschiedene philosophische, theologische und ethische Systeme. Nahezu in jeder Religion finden sich dazu taugliche Wege.

Wichtig ist allein die Erkenntnis, sich dem Guten bewusst zuwenden zu wollen. Innere Konflikte können nicht durch Gewalt ausgetragen werden, sondern nur durch das Konzept, welches Jesus mit Vergebung, die Buddhisten derzeit mit grossem Mitgefühl und das in gewissen theologischen Strömungen als Gnade Gottes beschrieben wird.

Beginne einfach Deine Sanftmut, Deine Liebe, Dein Mitgefühl, eine aufrichtige, ehrliche Sympathie diesen negativen Geistwesen zufliessen zu lassen. So wie ein kleiner Bach schlussendlich auch ein tiefes Loch zu einem wunderschönen See ausfüllt, so wird Deine Liebe schlussendlich auch dieses Wesen erfüllen und erlösen.

Es kann ganz gut sein, dass dieses Wesen sich optisch wandelt, heller wird, ungläubig reagiert, zu weinen beginnt oder sich ganz und gar auflöst.

Wesen welche unerlöste Seelenanteile Deiner selbst waren, wandeln sich meist in eine sehr schöne Form. - Wesen welche von aussen kamen, also eigentlich nichts mit Dir zu tun hatten, pflegen sich Nichts aufzulösen.

Fürchte dich nicht. Begib dich in deine Liebe bevor Du den inneren Garten trittst und räume Schritt um Schritt diesen inneren Garten auf, bis er sich in eine wunderschöne, blühende Blumenwiese verwandelt, erfüllt von Helfern, die dir sowohl in Meditation, als auch in der realen Welt stets mit Rat und Tat zur Verfügung stehen.

Es ist äusserst wichtig an dieser Stelle anzumerken, dass diese Wesen durchaus auch im bewussten Alltag präsent sind und ihre Erlösung eine Veränderung Deiner selbst hervorruft.

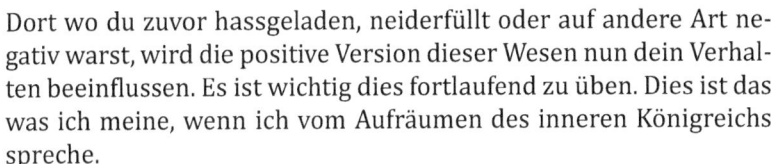

Dort wo du zuvor hassgeladen, neiderfüllt oder auf andere Art negativ warst, wird die positive Version dieser Wesen nun dein Verhalten beeinflussen. Es ist wichtig dies fortlaufend zu üben. Dies ist das was ich meine, wenn ich vom Aufräumen des inneren Königreichs spreche.

Es kann durchaus sein, dass durch gewisse äussere Reize im Alltag diese erlösten Wesen wieder in ihre negative Form zurückfallen. Begib Dich dann wiederum in Meditation und beginne von neuem. Irgendwann wird deine Stärke genug sein, um diese Wesensanteile dauerhaft zu erlösen.

Aus der Meditation aufgetaucht wirst Du feststellen, dass Du auch in Alltagssituationen nicht mehr so stark darunter leidest, nicht allmächtig zu sein. Wenn Du willst, kannst Du dann die Dinge einfach auf sich beruhen lassen.

Indem Du dich auf diese Art auf den Weg der Alten begibst, wirst Du zum Druiden. Nein, es gibt keinen Schnelllehrgang, keine Fernuniversität und auch kein Zertifikat zum Diplomdruiden, sondern nur diesen Weg. Dieser Weg wird seit Anbeginn der Zeiten gelehrt, von Meister zu Schüler weitergegeben, lange bevor es die ersten Universitäten gab.

Eine Warnung:
Das Beschreiten des inneren Königreiches wurde zu allen Zeiten von den stärksten Druiden im Vollbesitz ihrer geistigen Macht unternommen. Falls du unter irgendwelchen bekannten psychischen Krankheiten inklusive Drogensucht leiden solltest, empfehle ich Dir die ersten Reisen ins innere Königreich nur in Begleitung vorzunehmen.

Rückkehr zur inneren Quelle

Die Wasser der inneren Quelle, manche Mystiker sagen auch des Jungbrunnens, sind Dein persönliches innerstes Heiligstes, Dein Zentrum.

Indem Du Dich im inneren Königreich bewusst zu Deiner Quelle begibst, zentrierst Du Dich, kommst bewusst zu Dir selbst. Meist entspringt ihr eine unermesslich hohe Fontäne, Lichtsäule[45] oder ein Weltenbaum. An dessen Fusse, am Ufer Deiner inneren Quelle werden Dich Deine inneren Lehrer oft aufsuchen und Dir helfen, Dich selbst zu erkennen und zu vervollkommnen – Dich realitätstauglicher zu machen.

Indem Du Dich zum Ende Deiner Reise bewusst zurück zu Deiner inneren Quelle, Deinem Zentrum, zu Dir selbst begibst, ermöglichst Du einen harmonischen Übergang vom inneren Königreich, zurück in die Realität. Doch mehr noch: Je stärker die Verbindung mit Deiner inneren Quelle, desto stärker Deine Verbindung mit sämtlichen fühlenden Wesen. Sie alle sind auf geheimnisvolle Art und Weise durch ihre eigenen Seelenbrunnen miteinander und dem einen Allschöpfer verbunden.

---

45   Irminsul bei den Germanen, Kundalini bei den Hindus.

Das Geheimnis des Brunnens am Fusse des Weltenbaums

Der Zusammenhang zwischen Gott[46] und den Seelen kann aus Sicht der Alten wie folgt beschrieben werden: Gott, als höchstes einziges allumfassendes Wesen, welches sämtliche Sphären beinhaltet und den Seelen als Teilen seiner selbst gestattet, sich aus seinem Bewusstsein zu lösen. Indem Seelen von ihm abfallen wie Wassertropfen, und sich im Verlaufe eines oder mehrerer Leben auf eine Reise durch die verschiedenen Sphären begeben, haben sie die Möglichkeit die Fragen, welche Gott an seiner Wirklichkeit hindern würden, in einem eigenständigen Bewusstsein so zu klären, dass sie geläutert wie der verlorene Sohn wieder ins Haus Gottes zurückkehren können. Nach dieser Rückkehr werden sie vollumfänglich eins mit Gott und wieder Teil seines Bewusstseins. Dadurch vervollkommnet sich Gott laufend selbst. Zugegeben, kein einfacher Gedanke.

In diesen Sphären ist es ihnen möglich, Erfahrungen zu machen und sich zu läutern. Diese Teile nennt man Seelen. Auch während ihrer Reise bleiben diese Seelen dauernder untrennbarer Bestandteil von Gott, sind sich aber ihrer Köstlichkeit nicht bewusst, um ihre Erfahrungen unvoreingenommen machen zu können.

Den meisten Seelen genügt eine Lebensspanne nicht, um alle Fragen komplett zu klären. Doch in der Meditation können einzelne Seelen sich tendenziell Teilen ihrer bewussten Göttlichkeit gewahr werden.

Ziel der Meditation ist ein Bewusstsein dafür zu entwickeln, weshalb man nicht Gott, sondern eine bewusste Seele ist. Das Ziel besteht darin sich zu läutern, um wieder eins zu werden und wie der verlorene Sohn zurückzukehren zu Gott. Dabei spielt es keine Rolle wie erfolgreich oder schnell man auf seinem Weg ist, sondern wie gründlich diese Läuterung erfolgt. Damit wird auch jedwelches Schulddenken hinfällig. Es gibt keinen Grund, sich schuldig zu fühlen, aber es gibt einen guten Grund nach einem bestimmten Ideal zu streben.

---

46   Gott nicht nur im Sinne der Schriftreligionen, sondern als Allvater, wie ihn auch Kelten und (wenigstens die gebildeteren) Norse kennen.

Viele unserer kurzlebigen weltlichen Werte werden damit glanzlos und verlieren stark an Attraktivität. Jugendlichkeit, Schönheit, Geld, Macht, Sex: All dies kann dem Angesicht des Ewigen nicht widerstehen. Allerdings werden auch sämtliche Versuchungen, die durch diese Werte hervorgehen, nur dazu geschaffen, um den Seelen die Möglichkeiten zu geben, sich daran zu läutern.

So wird auch das Paradox verständlich, dass Luzifer, also der Lichtbringer ursprünglich der erste, grösste, mächtigste und schönste der Engel war. Durch das Gewahrwerden seiner Vormachtstellung war sein Fall jedoch besiegelt, die Abspaltung von Gott vollzogen. Tröstlich immerhin zu bemerken, dass auch der Höllenfürst persönlich nach wie vor Teil, wenn auch nicht bewusster Teil Gottes ist und einst in den Schoss seines Vaters zurückkehren wird.

Das meinte Jesus als er sagte: "Ihr sollt vollkommen sein wie euer Vater im Himmel". Er sagte das nicht, um ein Gefühl von Unvollkommenheit oder Schuldgefühle hervorzurufen, sondern das Ziel des Weges zu definieren. Dabei liess er Wegstrecke, Zeit und Geschwindigkeit jedem einzelnen vollkommen offen, nicht jedoch das stete Streben, sich auf diesen Weg zu begeben.

Das ist auch das Geheimnis hinter dem Pilgern: Wir alle sind im Prinzip unbewusste Teile Gottes. Seelen auf dem Weg nach Hause.

Rückkehr in die Realität

Mach die Augen auf! Ernsthaft: Die Rückkehr ist einfach und jederzeit möglich. Sie kann bisweilen unangenehm, wie aus einem Traum, aus dem wir geweckt werden sein, doch gefährlich ist das Ganze nie.

Durch unsere Reiseerfahrung begreifen wir früher oder später, dass alles Seiende unteilbarer Teil Gottes ist, dass alles Existierende so lange existiert, bis alle Unklarheit in Harmonie aufgeht. Logische Schlussfolgerung ist, dass wir uns in Meditation ganz verzückt auf genau diesen Weg begeben und uns vornehmen, allen anderen dabei, da sie ja Brüder und Schwestern sind, auf ihrem Weg behilflich zu sein.

Umgang mit der Realität

Die eigentliche Gefahr beim Reisen ins innere Königreich folgt erst danach, denn viele kommen nach dem Schweben auf ihrem rosa Wölkchen Nr. 7 mit der jäh auf sie einstürzenden Schrillheit der Realwelt zunehmend schlecht zurecht. Denn nach der Meditation kommt unweigerlich die nächste Steuerrechnung, die nächste Verkehrsbusse oder einfach nur das Gesicht vom Chef. Das Leben ist eben kein Ponyhof. Na toll! Kein Wunder kann einem die Realität und ihre Bewohner zeitweilen ganz schön auf den Keks gehen!
Abschottung, Weltflucht, Aggressivität oder Realitätsverlust, welche bei vielen erfolgreich Meditierenden oft darauf folgen, sind allerdings weder sinnvoll, noch gesund.

Nimm die Realität nicht so ernst

Die Druiden meinen, das sei alles eine Frage der Perspektive und betrachten das Leben und sogar sich selbst eher amüsiert: Viele von ihnen gehen wie die Hindus und gewisse buddhistische, sowie sufistische Schulen nämlich davon aus, dass diese unsere gemeinsame Realität aus dem Betrachtungswinkel jedes Einzelnen auf geheimnisvolle Weise für jeden einzelnen individuell fortlaufend so geschaffen wird, dass sich die Seele jedes Einzelnen optimal darin entwickeln kann.

Niemand hat gesagt, das sei fair oder angenehm. Ja die Weisen aller erwähnten Traditionen sind sich darin eins: Nicht nur Wesen der höheren Sphären, sondern auch die Dämonen der niederen Dimensionen können die Realität des Einzelnen formen und ihn versuchen.

Denke im inneren Königreich intensiv über Deine Fragestellungen in der Realwelt nach. Bitte die freundlichen Wesen, welche Dir dort begegnen, um Hilfe und Rat. Versuche mögliche Lösungen oder Antworten in Dir zu finden, so dass Du nicht als halbschwebender Spinner, der beim ersten Treffer zu Boden geht, sondern durch die gewonnenen Erkenntnisse vielmehr geerdet und gestärkt für den Umgang mit der Realwelt zurückkehrst. Jedwelche Meditation sollte durch Mitgefühl und Verständnis realwelttauglicher machen, durch Erkennen und Harmonie zu weniger Konflikten in der Realität führen.

Bekämpfe die Realität nicht
Das Wichtige ist, die Realwelt mit all ihren auf uns einstürmenden Eindrücken nicht abzulehnen, sich nicht gegen das Rad der Zeit zu stemmen, aber auch nicht im Strom der Zeit unterzugehen, sondern die Realität bewusst wahr zu nehmen und so darauf zu surfen. Es ist diese, unsere Realwelt mit all ihren Höhen und Tiefen, welche uns einen Körper und Sinne gibt, um uns im Sein zu perfektionieren.

Vergiss Dein Ziel nicht
Verliere das Grosse nicht aus den Augen angesichts des Gewusels des Alltags. Verliere Dein grosses, letztendliches Lebensziel nicht aus den Augen und lass dich nicht von den unzähligen eigenen Versuchungen und den Begehren anderer, oder gar den Pflichten des Alltags von deinem Weg abbringen. Lass dich nicht davon ablenken auf dem Weg aktiv und speditiv voranzuschreiten. All die schlussendlich unwichtigen Dinge, welche sich ins Bewusstsein drängen, verstellen uns angesichts des Kleinen die Sicht aufs Grosse und verhindern, dass wir unseren Weg gehen. Behalte immer die Sicht aufs Wesentliche. Stehe über den Anfechtungen und Versuchungen. Bleibe auf dem Weg.

Pack das Machbare an
Ärgere dich nicht über Dinge, die du nicht ändern kannst. Ändere Dinge, die Du ändern kannst.

Richte Deine Gedanken, wenn immer möglich, auf die Dinge, die Du zum Guten ändern kannst. Meist wandeln sich die Dinge, die Du nicht ändern kannst, während Du die Dinge, die Du ändern kannst, von selbst zum Guten, oder sie gehen vorbei. - So hast Du am Ende beides geändert und Dich dabei nicht geärgert.

Unter Änderung verstehe ich dabei auch die Möglichkeit, einer unerträglichen Situation zu entfliehen, sowie die Realitätsverformung. Ja richtig gelesen: Druiden pflegen hin und wieder das Mass der allgemeinen Harmonie gemeinnützig etwas anzuheben. Selbstverständlich treten dabei Hindernisse auf. Das ist Teil des Spiels. So wie Mäuse Elefanten erschrecken, so halten uns, im Nachhinein lächerliche Kleinigkeiten nur zu oft davon ab, Grosses zu vollbringen.

Also stelle Dich den Schwierigkeiten wie ein Druide. Mit Hilfe Deiner Ratgeber aus dem inneren Königreich, Herz, Hand und Hirn wird Dir beinahe jedes Vorhaben durch die unvorhersehbaren Wege der Alten in kleinen, machbaren und unaufhaltsamen Schritten glücken. Hin und wieder wird Dir sogar das Schicksal selbst zur Seite stehen .

Lache über Dich und das Leben
Manchmal ist das Leben einfach zu gemein um wahr zu sein! Und an manchen Tagen schaut man in eine Grummelbirne und erkennt sich selbst erst allmählich im Spiegel der Realität. Wenn eine Situation unerträglich wird, so nimm sie und Dich von der komischen Seite: Lache liebevoll und heiter über Dich, so wie eine liebevolle Mutter über ein Kind, welches sie mit dem Finger im Marmeladenglas ertappt hat. Ich rede nicht davon, die Welt und Dich auszulachen oder hysterisch zu gackern. Auch der verzweifeltste Moment bietet durch gelassenes Erkennen und Loslassen von lächerlichen Anhaftungen und Erwartungshaltungen nahezu immer Anlass zu ungebremster Heiterkeit und Liebe. Oft genügt schon ein Blick in den Spiegel, um die Verhaftungen zu erkennen, aufzulösen und in Liebe zu lachen.

Realitätsverformung durch Segnen

Hatte ich schon erwähnt, dass Deine Innenwelt laufend Erfahrungen Deiner Aussenwelt aufnimmt? Die Realwelt so wie wir sie wahrnehmen ist ein Gedankenabbild und wird durch unsere bestehenden Werte und Normen fortlaufend selbst gebildet: Wie innen so aussen!

Die Philosophie der Hindus warnt sogar ausdrücklich davor, sich zu stark in äusseren, sogenannt samsarischen Sinneseindrücken zu verstricken. Nicht so die Druiden: Die wahrgenommene Realität ist gemäss druidischer Lehre schlussendlich nichts als individuelle Wahrnehmung, welche man kraft der eigenen Gedanken und durch Einnahme der richtigen Perspektive verformen kann.

So wie Du über Deine Aussenwelt denkst, so fühlst Du Dich auch im Inneren: Das lässt sich verwenden, um Dein inneres Königreich oder eben Dein Innenleben angenehmer zu gestalten: Was Du anderen, nicht Dir selbst, in der Aussenwelt zu Gute tust und vor allem wie Du sie betrachtest, ändert Dich im Inneren zum Guten und macht Dich stark.

Das Spiel geht allerdings auch anders herum: Du kannst Dir, wie im inneren Königreich, Deine Umgebung im Stillen schön wünschen. Erkenntnis und Glaube an die Kraft Deiner Gedanken werden durch Übung und Harmonie in Deinem inneren Königreich zu wachsen beginnen. Die Zigeuner sprechen in diesem Zusammenhang vom "Zigeuner-vertrauen" oder dem "Glauben". Jeder rechte Zigeuner weiss allerdings auch, dass diese Macht der Gedanken zur Realitätsverformung nicht zu negativen Zwecken missbraucht werden darf! Das Vertrauen muss zuerst durch sorgfältige Reinigung des inneren Königreiches und Studium in demselben erweckt und gemäss dem Leitsatz "immer Heilen, nie verletzen" angewendet werden. Verliert ein Zigeuner seinen Glauben, so verliert er seine Fähigkeiten, ja hört auf Zigeuner zu sein. Dasselbe gilt für Druiden!

Doch zunächst lass die Sachen gut sein, so wie sie sind! - Ohne sie zu verändern. Suche Die Schönheit in der Realität! Wenn die Liebe zu allen Wesen grösser ist, als die Trauer über ihre Verfehlungen, so hat das Böse keine Chance.

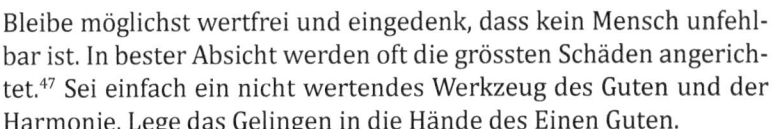

Bleibe möglichst wertfrei und eingedenk, dass kein Mensch unfehlbar ist. In bester Absicht werden oft die grössten Schäden angerichtet.[47] Sei einfach ein nicht wertendes Werkzeug des Guten und der Harmonie. Lege das Gelingen in die Hände des Einen Guten.

Magie soll in Liebe erfolgen und nicht zur Schau gestellt werden. Aus eitler Überheblichkeit oder Geltungssucht klappt es deshalb ebenfalls nie und ist einfach nur peinlich: Vorsicht vor öffentlicher Angeberei! Nur zu viele Neider und Klugscheisser warten darauf, Dein Vertrauen anzugreifen. – Das ist ja auch gut so, denn Angeber oder Egomanen taugen nicht zu Druiden.

Selbstsüchtige Manipulation, Hexerei gegen Bezahlung oder mit irgend welchen Erwartungshaltungen wird sich immer gegen den Praktizierenden und den Auftraggeber richten. Ebenso eigennützige Erwartungshaltungen, gar Forderungen anderer wie "Mach mir Geld", "Bring mir eine Frau", oder "Mach mir schönes Wetter". Sie werden in dieser Form nicht funktionieren: Druiden sind weder ein Wunschkonzert, noch Flaschengeister! Realitäten lassen sich nur durch im inneren Königreich gewonnene Kraft, Vertrauen und Zuversicht harmonisieren.

Sei deshalb vorsichtig und liebevoll wenn Du bittest: Jeder Segen kann zum Fluch werden und umgekehrt; und sich gegen den Urheber wenden. Flüche sollen immer auch ein Segen sein, da jeder ungerechte oder unharmonische Teil unfehlbar verstärkt zum Urheber zurückkehrt. Anders bei in Liebe gesprochenen Segen: Dort stärkt der ganze Segen immer das Wesen des Urhebers. Das gilt übrigens für all unsere Taten, auch wenn die Kreise von Ursache und Wirkung dort anders gewoben sind.

Du kannst beispielsweise darum bitten, dass einem Menschen dieses oder jenes Schicksal zuteil werden möge, ausser es sei nicht der Wille des Einen, oder nur bis er von diesem oder jenem unharmonischen Verhalten absieht.

---

47 (Siehe Atombombe, etc.)

Jeder Anteil eines Segens/Fluches, der nicht den harmonischen Gesetzen der Welten entspricht, wird verstärkt zum Urheber desselben zurückkehren. Der einfachste Segen lautet deshalb: "Möge dieses Wesen genau das bekommen, was es verdient". Doch jeder liebevolle Gedanken wird verstärkt zu Dir zurückkehren, auch wenn Du für Deine Feinde bittest.

Die Ergebnisse in der Realwelt? – Sie werden subtil und unerwartet ausfallen und Dich auf Deinem persönlichen Weg der Alten weiter bringen, wenn Du nur achtsam auf Signale der Harmonie hörst. Deine Möglichkeiten anderen Gutes zu tun sind unbegrenzt. Und somit das Gute, was zu Dir zurückkehrt. Ob Du dabei die Realität durch Hochmagie geformt oder die bereits bestehende Realität in ihrer Schönheit erkannt hast, ist dabei unwichtig und doch eines der grossen Rätsel der Druidenmagie.

Zum Schluss
Schreib Deine Erfahrungen im inneren Königreich und der Realwelt auf: Anhand Deines eigenen Tagebuches oder "Grimoires" kannst Du nicht nur Deinen eigenen Fortschritt erkennen, sondern auch Weisheiten, die Dir mit der Zeit entfliehen wieder auffrischen.

Möge die Saat der Harmonie in Dir aufgehen!

Literaturverzeichnis

Literatur

Ali-Shah Omar (1991): Sufismus für den Alltag, Diedrichs gelbe Reihe.

Alighieri Dante (1986): Die göttliche Komödie, Reclam.

Böckl Manfred (2000): Merlin, Leben und Vermächtnis des keltischen Magiers, Hugendubel.

Branston B./Caselli G. (1979): Götter und Helden der Wikinger, Tessloff.

Camby Philippe (1998): Les Dicts du Druide Cadoc, Terre de brume.
[Rekonstruktivist: Die enthaltenen Gedanken sind teilweise tiefgründig]

Chia Mantak, (2001): Gesundheit, Vitalität und langes Leben. Lotos.

Chia Mantak (1993): Awaken Healing Light of the Tao, Healing Tao books.

Chia Manatak (2000): Tao Yoga der inneren Alchemie, Ansata

Doniger O' Flaherty Wendy (1981): The Rig Veda, Penguin Books.

Dyer Wayne (2007): Ändere Deine Gedanken und Dein Leben ändert sich, Die lebendige Weisheit des Tao, Goldmann Arkana.

Eich H./Provensen A. und M. (1960): Die grossen Sagen der Welt, Otto Mayer Verlag.

Evert Hopmann Ellen (1998): Die Weisheit der Druiden, Magisches Heilwissen rund ums Jahr, Falken. *[Newagedruidin: Vieles ist brauchbar!]*

Freke T./Gandy P. (2001): Die Welt der Mystik, Die mystischen Traditionen von Buddhismus, Christentum, Hinduismus, Islam, Judentum, Schamanismus, Goldmann Arkana.

Gandhi Mohandas K. (2007): Aus der Stile kommt die Kraft des Friedens, Herder

Gibson M./Caselli G. (1977): Gods, Men and Monsters from Greek Mythology, Peter Bedrick books.

Green Michael (1994): Quest, in Search Of The Dragontooth, Running Press books.

Gunsser Ilse-Lore (1957): Reden des Buddha, Reclam.

Gyatso Geshe K. (2002): Eine glückseelige Reise, Verwandle Dein Leben, Tharpa Verlag.

Gyatsho Tendzin [Dalai Lama] (2005): Die Weisheit des Verzeihens, Ein Wegweiser für unsere Zeit, Lübbe.

Gyatsho Tendzin [Dalai Lama] (2009): Der mittlere Weg, Glaube und Vernunft in Harmonie, Diedrichs.

Häny Arthur (1997): Die Edda, Götter und Heldenlieder der Germanen, Manesse Verlag.

Hilty Carl (ab 1890): Glück, Bände I bis III, Huber&Co.
[Vergriffen, Download auf http://www.druidenwissen.ch]

Jones P; Pennick N. (1995): A history of pagan Europe, Routledge.

Kornfield Jack, (2010): Nach der Erleuchtung Wäsche waschen und Kartoffeln schälen: Wie spirituelle Erfahrung das Leben verändert, Goldmann Verlag

Krause Arnulf (2004): Die Götter und Heldenlieder der älteren Edda, Reclam.

Langosch K./Lange W.(1999): König Artus und seine Tafelrunde, Europäische Dichtung des Mittelalters, Reclam.

Luther Martin (2004): Das neue Testament, Deutsche Bibelgesellschaft.
[Vor allem Genesis und die Bergpredigt]

May, Karl (2004): Ardistan und Dschinnistan Teil 1 & 2, Weltbild Verlag Sammler Editionen.

May Karl (1912): Empor ins Reich der Edelmenschen, Karl Mays Wiener Rede *[Vergriffen: Download auf: http://www.karl-may-gesellschaft.de/kmg/seklit/jbkmg/1970/47.htm]*

Michaels Axel (1998): Der Hinduismus, Geschichte und Gegenwart, C. H. Beck.

Moignet L./Kervran Y. (2011): La vie d'un Guerrier Gaulois, Calleva.
[Wissenschaftliche Rekonstruktivisten: Absolut faszinierend!]

Monin Yves (1996): Le Manuscrit des Paroles du Druide, La Table d'emeraude. *[Französischer Rekonstrukivist: Einiges ist brauchbar]*

Monroe Douglas (1997): Merlyns Lehren, 21 Lektionen in praktischer Druidenmagie, Das Arbeitsbuch zu Merlyns Vermächtnis, Bauer.
[Newage-Rekonstruktivist: Prätendent, doch teilweise sinnvoll]

Nichols Ross (1990): The book of Druidry, Thorsons.
[Hippie-Reenactment: Dogmatisch doch einiges ist sinnvoll]

Salman et al. (2004): The way of Hermes, New Translation of the Corpus hermeticum and the Definitions of Hermes Trismegistus to Asclepius. Inner Traditions.

Scholz Werner (2008): Hinduismus, Dumont.

Tetzner Reiner (2003): Germanische Götter- und Heldensagen, Reclam.

Tolkien J. (1979): Sir Gawain and the Green Knight; Pearl; [and] Sir Orfeo, Mass Market Paperback.

Tolkien J. (2004): The Silmarillon, Houghton Mifflin Harcourt.
[Da ist mehr drin, als so mancher ahnt]

Urbanovsky Claudia (2008): Der Garten der Druiden, Das geheime Kräuterwissen der keltischen Heiler, Allegra.

von Zatzikhoven Ulrich (2013): Lanzelet, Text, Übersetzung, Kommentar, De Gruyter Texte.

Wesselmann Hank (2003): The Journey to the sacred Garden, A Guide to travelling in the Spiritual Realms. HayHouse
[Newage-Weg des Trommel-Reisens gut und ehrlich beschrieben]

Wilkinson Philip, (2009): Religionen der Welt, Doring&Kindersley

Zimmermann Georg (2007): I Ging, Das Buch der Wandlungen, Patmos.

Onlinequellen

Lindemann Ben: http://www.druidenwissen.ch/Grimoire/

Creative Comons: Wikipedia (deutsche, englische und französische Seiten) http://www.wikipedia.org *[Ob es gewissen Scholaren passt oder nicht!]*

Creative Commons: Wikimedia für Illustrationen: http://www.wikimedia.org.

Internet Sacred Texts Archive: http://www.sacred-texts.com.

www.ingramcontent.com/pod-product-compliance
Lightning Source LLC
Chambersburg PA
CBHW051645230426
43669CB00013B/2444